普通高中
薄弱学科建设

谭仁坤　王昌福　胡柳／著

燕山大学出版社
·秦皇岛·

图书在版编目（CIP）数据

普通高中薄弱学科建设／谭仁坤，王昌福，胡柳著.—秦皇岛：燕山
大学出版社，2021.6

ISBN 978-7-5761-0184-3

Ⅰ.①普… Ⅱ.①谭… ②王… ③胡… Ⅲ.①课程—教学研究—高中
Ⅳ.①G632.3

中国版本图书馆CIP数据核字（2021）第081439号

普通高中薄弱学科建设

谭仁坤　王昌福　胡柳 著

出 版 人：陈　玉
责任编辑：王　宁
封面设计：言之凿
出版发行：燕山大学出版社 YANSHAN UNIVERSITY PRESS
地　　址：河北省秦皇岛市河北大街西段438号
邮政编码：066004
电　　话：0335-8387555
印　　刷：英格拉姆印刷(固安)有限公司
经　　销：全国新华书店

开　本：700mm×1000mm　1/16		印　张：14	字　数：220千字
版　次：2021年6月第1版		印　次：2021年6月第1次印刷	
书　号：ISBN 978-7-5761-0184-3			
定　价：45.00元			

前 言

  《普通高中薄弱学科建设》是"重庆连片贫困地区薄弱学科治理策略研究——以重庆市云阳双江中学校为例"课题研究的一个集体结晶，其目的是帮助教师掌握薄弱学科的基本知识和基本理论，进而揭示薄弱学科建设的基本规律和途径。

  云阳是秦巴连片贫困区的一部分，除积极发展富民型的旅游休闲、生态农业及环境友好的劳动密集型产业以外，更要加快教育脱贫。因此，开展普通高中薄弱学科建设的研究，对于加快形成全市各区域以及城乡之间优势互补、协调发展的格局，更好地推动"科学发展、富民兴渝"具有重要意义。加强普通高中薄弱学科建设的研究，引导青少年学生全面、准确地认识、提升核心素养，成为我们当前和今后一段时期的重大任务和历史使命。

  薄弱学科是指基础与素养、态度与方法均差的语文、英语及通用技术学科（简称"两语一通"）。《普通高中英语课程标准》明确指出，中学英语课程具有工具性和人文性的双重性质。通过解析《普通高中语文课程标准（2017年版）》不难发现，就人文性而言，"两语"课程的目标都是提高人文素养，开阔视野，形成跨文化意识，增强对本民族文化的了解及培育爱国主义精神。

  浮在海平面上的看起来是两座冰山，分别代表一个人的第一语言和第二语言，而在海面下的两座冰山的根基是共同的，代表一个人的认知能力、学术语言能力等素养。

  如何做到工具性与人文性相结合，使二者有机统一起来，是当前"两语"教学需要着力解决的问题。"语文教学的根在听说读写，是听说读写之内的挖掘与创新，而不是游离于听说读写之外的花样翻新。"（叶圣陶）英语也不例外。审视当前"双语"教学的实际，有一个走向极端的趋势：一些教师在课堂教学中轻视基础知识与基本技能的训练，片面追求所谓人文性，使"两语"课没有了"语言味"。

"一个坏的教师奉送真理，一个好的教师则教人发现真理。"（德国第斯多惠）课堂教学热热闹闹，教学形式变化多样，可就是听不到朗朗的读书声，看不到对语言文字的揣摩品味，欣赏不到对优美精彩文段独到的分析见解。没有了必要的训练，缺少了必要的积累……短短的课文学生读起来结结巴巴。对此，课题组成员沉下心来，冷静地结合校情、学情，切实寻找薄弱学科教学的突破口，将从单一知识、技能转向综合素养，从单学科学习转向跨学科学习，从灌输式学习走向探究性学习，努力探索适合贫困地区薄弱学科教学建设的新路子（读、思、悟、品、读、诵，两步六环，学以致用（教、学、用），引议联结等），行之有效地提升学生素养，为实现"低入高出"奠定了坚实的基础。学校成为"叶圣陶杯"全国中学生新作文大赛"写作教学先进单位"；在全国中学生英语能力竞赛中，7人获一等奖；通用技术更是让"学生动起来"，有2名学生夺得了全国"科学素养"大赛一等奖，使双江中学成为全国青少年科学素养大赛"地基校"。

学校教育是面向未来的事业，国民核心素养的培育是至高无上的课题。目前，我校课程改革彰显活力，教学理念不断更新，课题研究如火如荼，在教学中积累了大量的宝贵经验。

《普通高中薄弱学科建设》的撰写：谭仁坤负责第一章和第五章的三至十一节；王昌福负责第三、四章和第五章的第一、二节；胡柳负责第二章。

本书仅为老师们提供参考。

谭仁坤

目 录

绪　论

　　薄弱学科是指基础与素养、态度与方法均差的语文、英语及通用技术学科（简称"两语一通"）。《普通高中薄弱学科建设》是我们的研究课题，也是教育工作者的初心与使命。

　　《普通高中语文课程标准（2017年版）》明确指出，"语文课程应致力于学生语文素养的形成与发展"，"面向全体学生，使学生获得基本的语文素养"。这是指学生的语文素养应该表现出"比较稳定的、最基本的、适应时代发展要求的学识、能力、技艺和情感态度价值观"，具有工具性和人文性统一的丰富内涵。"高中英语课程应特别注重提高学生用英语进行思维和表达的能力。"（《普通高中英语课程标准》）普通高中通用技术学科的基本目标是进一步提高学生的技术素养，促进学生全面而富有个性的发展。总目标是"通过本课程的学习，学生进一步拓展技术学习的视野，学会或掌握一些通用技术的基础知识和基本技能，掌握技术及其设计的一般思想方法；具有一定的技术探究，运用技术原理解决实际问题以及终身进行技术学习的能力；形成和保持对技术学习的兴趣和愿望，具有正确的技术观和较强的技术创新意识；养成积极、负责、安全地使用技术的行为习惯，发展初步的技术能力和一定的职业规划能力，为迎接未来社会挑战，提高生活质量，实现终身发展奠定基础"。为此，普通高中如何落实"两语一通"课程标准，进行普通高中薄弱学科建设成为摆在"两语一通"教育人面前的重大课题。

　　普通高中薄弱学科建设在建立以主城为核心、以约1小时通勤距离为半径范围的城市经济区的进程中，云阳作为渝东北重要的一部分，除积极发展富民型的旅游休闲、生态农业及环境友好的劳动密集型产业以外，更要加快均衡教育发展。因此，普通高中薄弱学科建设研究对于加快形成全市各区域以及城乡之间优势互补、协调发展的格局，更好地推动"科学发展、富民兴渝"具有重要意义。

普通高中薄弱学科建设策略是提升人民核心素养的基础工程。加强普通高中薄弱学科建设策略研究，引导青少年学生全面、准确地认识提升核心素养，是摆在我们面前的重大任务和历史使命，是办"人民满意的教育"的基础工程。

美国管理科学家彼得指出：盛水的木桶是由多块木板箍成的，盛水量也是由这些木板共同决定的。若其中一块木板很短，则此木桶的盛水量就被限制了，该短板就成了这个木桶盛水量的"限制因素"，这就是"短板效应"。若要使此木桶盛水量增加，只有换掉短板或将其加长才行。人们把这一规律总结为"木桶原理"或"木桶定律"，又称"短板理论"。

木桶原理

劣势（薄弱）制约优势，劣势（薄弱）决定前程。最短的那块木板的长短决定盛水的多少，只有将它加长，木桶才能盛满水。如果有一个学科是"最短的一块"，就应该尽快把它补起来；如果存在"一块最短的木板"，就一定要及早将它找出来并"补弱固强"，即先补薄弱学科再巩固优势学科。也就是说，要想提高整体素养，首要的不是继续增加那些优势学科，而是要先下功夫补齐薄弱学科的短处，消除薄弱学科形成的"制约因素"，在此基础上再巩固强化"优势学科"，实现整体素养的提升，不让薄弱学科毁掉了自己。

普通高中薄弱学科教育发展瓶颈特征集中表现为：城乡和地区的经济差距使贫困山区语文、英语及通用技术师资力量出现恶性循环。以云阳双江中学为例："两语一通"教师短缺，通用技术教师均为兼职。80%以上的学生父母在外务工，从小缺乏标准的语言交流，英语更为突出。初中之前，正规学过英语的学生不足5%。由于从小没有良好的语言环境，学生整体缺乏积累，基础薄弱，每年语文、英语高考平均分低于主城区10分左右。通用技术教学相比成熟的城市化教学环境远远落后，有的通用技术设备还不达标或为零，课堂教学尚未足额正规开设，90%左右的教师和学生对通用技术教学的概念呈不知或模糊理解状态，学生动脑动手能力、实践能力、创新能力极差。因此，进行专项研究，改变现状，势在必行。

加强普通高中薄弱学科建设策略是深化普通高中教育改革的必由之路。普通高中薄弱学科建设是保证教育教学质量的关键环节，是实现人才培养目标的主渠道。从薄弱学科出发，弥补短板，具有时效性和针对性。

头上掉一根头发，很正常；再掉一根，也不用担心；还掉一根，仍旧不必忧虑……长此以往，一根根头发掉下去，最后秃头出现了。哲学上把这种现象称作"秃头论证"。

往一匹健壮的骏马身上放一根稻草，马毫无反应；再添加一根稻草，马还是丝毫没有感觉；又添加一根……一直往马身上添稻草，当最后一根轻飘飘的稻草放到了马身上后，骏马竟不堪重负瘫倒在地。这在社会研究学里被称为"稻草原理"。

第一根头发的脱落，第一根稻草的出现，都只是无足轻重的变化。这种趋势一开始出现，还只是停留在量变的程度，难以引起人们的重视，只有当它达到某个程度的时候，才会引起外界的注意，但一旦"量变"呈几何级数增长，灾难性的结果就不可避免地出现了！

"勿以善小而不为"，点滴凝聚成情；"勿以恶小而为之"，点滴也能铸成大错；千里之堤，溃于蚁穴，坍塌亦无法挽回。多米诺骨牌是种文化，它起源于中国，有着上千年的历史。宋宣和二年（1120年），民间出现了一种名叫"骨牌"的游戏。漫长的游戏过程赋予它独特的教育意义。码牌时，骨牌会因意外一次次倒下，参与者经常经受失败的打击。"多米诺骨牌效应"告诉我们：一个最小的力量能够引起的或许只是察觉不到的渐变，但是它所引发的却可能是翻天覆地的变化。这有点类似于"蝴蝶效应"，但是比"蝴蝶效应"更注重过程的发展与变化。

遇到挫折不气馁，不退缩，树立信心，鼓起勇气，重新再来。人只有经过无数次这样的经历，才会变得成熟，最终走向成功。

基础教育课程改革是一个漫长的过程，薄弱学科的教学改革正在摸索向前。在安徽、河南等省市，对于薄弱学科的治理虽然已有些研究，但都是基于学科成绩的研究。基于学科核心素养，以薄弱学科为载体，提升学生综合素养的研究还没有成功的借鉴案例。鉴于此，充分开发利用教育教学资源，发挥师生的主观能动性，根据薄弱学科的特点制定相应的教育教学策略，探索普通高中薄弱学科课程改革，成为双江中学发展的新方向，提升学生素养成为双江中学的新课题。

教育的核心是提升学生的素养，培养学生的品格。作为薄弱学科的语文和英语建设的核心是培养学生的"两语"修养，提升学生的"两语"素养，这是学生全面发展成为新型人才的重要组成部分。现实生活实践越来越深刻地显示出"两语"素养的重要性。因此，有效地提升学生的"两语"修养水平，以使学生适应时代发展的要求，是摆在我们薄弱学科教育工作者面前的需要深刻研究的课题。学生"两语"修养水平的提升，主要是在教学过程中通过教和学的各个环节来实现的，所以我们要抓住并创造教和学的各个契机，充分发挥教师的主导作用和学生的主体作用，促成学生学习"两语"认识上的飞跃，从而达到提升"两语"素养的目的。为此，我们作了以下探索。

一、重视"两语一通"知识，形成"两语一通"观念

知识和能力是辩证统一的关系，没有知识无以形成能力，没有知识，能力就成为无源之水、无本之木，而且能力是以知识为基础的。因此，我们必须重视基础知识的教学，使学生牢固地掌握"两语一通"知识。更为重要的是，使学生牢固地掌握"两语一通"知识的同时，深刻地挖掘、理解其精髓，促成学生认识上的飞跃，促使学生形成"两语一通"观念。"两语一通"观念的形成，可以深化对"两语一通"知识的理解，使"两语一通"知识得到升华，这时，"两语一通"知识已不再是一些单调枯燥的符号，而是在观念的统率下形成的一种能力。形成了"两语一通"观念，学生就会在遇到相关的"两语一通"问题时，有意识地去想为什么，怎么想，怎么做。不仅如此，为使学生能力得以巩固，还要适时地设计一些"两语一通"应用知识，让学生在实践中锻炼、陶冶、成长。比如，在教授散文阅读知识时，让学生形成散文阅读观念、技巧，在遇到相关的问题时，学生就会灵活地应用散文阅读的观点和方法处理，在现实生活中，就会增强对散文的敏感性；在讲授诗歌的知识时，让学生形成诗歌观念，学生遇到相关诗歌，就会对诗歌所涉及的"两语"对象恰当分类，合理构造，运用正确的观点、方法解决问题。

二、重视"两语"思想，掌握"两语"方法

"两语"的两根支柱是"两语"知识和"两语"思想、方法。我们的教学往往只是重视"两语"知识的传授灌输，而忽视"两语"思想、方法的教学。思想是"两语"的基本思想，是对"两语"知识、"两语"方法的本质认识，它对人们学习"两语"知识，应用"两语"知识过程中的思维活动起指导作用。"两语"方法是人们学习和运用"两语"知识的思维策略，是"两语"思想在具体问题中的运用和体现。只有形成正确的"两语"思想，才能真正领会"两语"的本质，掌握"两语"的真谛。只有掌握了正确的"两语"方法，才能快速有效地解决相应的"两语"问题。只有这样才能在学习"两语"、应用"两语"时得心应手，事半功倍，才能使"两语"能力

绪论

得以提高，"两语"素养得以提升。因此我们必须重视"两语"思想，掌握"两语"方法的教学。否则，只是填鸭式地注入知识，学生头脑中的知识就是一些杂乱无章的堆积品，而不能成为"两语"思想灵魂指导下的有序编码系统，学生处理问题时只能生搬硬套，盲目碰撞，对陌生"两语"问题感到束手无策，而不能在"两语"思想的指导下，灵活变换，在"两语"方法的指导下有法可依，有章可循。譬如，如果学生能深刻理解、掌握作文的内容和形式相结合的思想方法，学生头脑中的"内容"和"形式"便能统一起来。"内容"决定"形式"，思想统率内容，就可使学生增强辩证的哲学观念，化未知为已知，化陌生为熟悉，化复杂为简单，从而在处理"两语"问题时思路开阔。通用技术更是如此，动脑在前，动手在后，于动脑动手中形成能力。

三、重视"两语"思维，加强"两语"修养

"两语"修养和能力发展的关键是"两语"思维，只有提升学生的思维水平，优化学生的思维品质，才能有效地发展学生的"两语"能力，提升学生的"两语"素养。思维品质是一个人智力水平的重要标志。"两语"思维品质包括思维的形象性、深刻性、创造性、灵活性、批判性、开阔性、敏捷性等诸多方面。如果没有良好的思维品质，思维肤浅、狭隘、封闭、僵固，就很难学好"两语"知识，深刻理解"两语"思想、牢固掌握"两语"方法只能是空谈，"两语"素养的提升就只能成为空想。因此，我们在实施普通高中薄弱学科建设策略的过程中，必须加强学生思维品质的培养。思维品质的优化不是朝夕之功，需要经过长期艰苦的磨炼。我们在平常的教学中必须想方设法创设情境，锻炼学生的思维，提升学生的思维水平。我们必须重视教和学的各个环节，如教学内容的讲授、教学方法的采用、作业（作文）的布置。例如，可以通过同一问题由浅入深、由易到难的编排，循循善诱地启发学生思维的深刻性；可以通过一文多变、一文多思，培养学生思维的开阔性；通过变客观答题为主观讨论等培养学生思维的敏捷性；通过联系生活积累，变特殊为一般，探索引导培养学生思维的创造性。

"两语"素养的提升需要扎实的"两语"基础知识、深刻的"两语"思想方法和优化的"两语"思维品质。这是一项长期而艰巨的综合工程，也是"两语一通"教学工作者的光荣使命。

　　构建学生薄弱学科治理核心素养体系对提升人才质量、增强国家核心竞争力至关重要，是双江中学乃至农村普通高中教育发展和变革的趋势。将从单一知识、技能转向综合素养，从单学科学习转向跨学科学习，从灌输式学习走向探究性学习。我们期待的高中学校教育是：从人的核心素养的视角出发，不只局限于一门学科的知识，而是有长远的展望，寻求课程与教学的改进，思考学习方式的变革。

　　学校教育是面向未来的事业，学生核心素养的培育是至高无上的课题。基础教育课程改革的进一步发展将超出培育学科素养的局限，而达到培育学生核心素养的高度。

绪论

第一章

概　述

第一节　薄弱学科建设的提出

面对"三高三低"（高投入、低产出，高要求、低效率，高灌输、低关注）现象，我们怎样来加强薄弱学科的学习，尽可能提升学生薄弱学科的素养呢？

虽然薄弱学科的素养在人们的生活与工作中占据重要的地位，但学生在考试分数上显示不出差距，分数的提升又不能吹糠见米，就使学生误认为薄弱学科学不学一个样，练不练没差别。语文课为什么要重视？语文课学多学少好像差别不大，都是90多分。与其把时间精力花费在这上面，不如多做两道数学题，提分看起来简单明了。

如此下去，学生对薄弱学科的学习缺少兴趣，学习的主动性不足，表现为薄弱学科的作业少做或不做，薄弱学科课堂注意力不集中，心不在焉。有些人对薄弱学科的作业应付了事，更有甚者抄袭蒙混过关。有成绩差基础差的学生甚至放弃了语文、英语的学习，将重心转到其他科目的学习上，认为学"两语"、背东西、写东西收效甚微，还不如多做几道理科试题，成绩提高更快。高中正是青年成长成才的关键时期，学生如果学习上失去主动性，会影响自身的发展。

薄弱学科的教学不同于数理化，知识体系不是线性的。可只以教材为纲，以课文为本，以考试大纲作为唯一依据，这样做会造成学生只能应付某套课本的考试而不会做另一套教材习题的尴尬，也使教师囿于教材这个小天地。这与"两语一通"学科学习的外延与生活的外延相等这个论断是相悖的。

如果我们在"两语"课堂上，用文字语言知识铸造学生的"两语"功底，用人文文学内涵陶冶学生的"两语"灵魂，那么师生在轻松、活泼的氛围中教与学，那里就会有很多的幽默与笑话、故事与传奇，上至天文地理，下达古今中外。一个标点，一则修辞，一句精彩的语句，一条睿智的哲理，一首华美的诗词，一篇经典的时文……这些都是师生共同追求的"两语"课堂内容。

语文教学是母语教学，只能加强，不能削弱。许多中国人学习外语十分尽心，却不能在学习自己的母语时多费点心。语文课既是工具课，又是人文课，哪个中国人少得了它呢？加强语文学习是天经地义的事。

提升学生薄弱学科的素养，可以从以下几方面着手：一是提高教师的素质。教师在高中的"两语"教学中扮演着十分重要的角色。学校不应该单纯地只看教师的学历，而应该对其教学水平的高低加强重视。教师要忌讳照本宣科的讲授，要指点学生有效巩固记忆的技巧，使学生将所学知识在脑海中联系成框架，从而在考试中能够运用自如，这也有利于高中生写作水平的提高。教师要注重提高学生学习的针对性与实效性，不能盲目地抓教学，要有一定的模式，在教学中及时提高自身素质和素养，让"两语"的魅力在教师身上完美地体现出来。二是深入挖掘教材。比如《论语》，可以将当时发生的小故事穿插在课堂上进行讲解，如孔子和孔子弟子之间的很多小故事都会吸引学生的注意力，对课堂教学起到十分重要的作用。比如，在讲到《滕王阁序》的时候，可以先播放一小段滕王阁的历史背景或者现在的风貌，给学生一点新鲜感，提高学生的学习兴趣，让学生能够在整体上对《滕王阁序》有一个认识，便于进一步学习。三是培养学生的兴趣。兴趣是最好的老师。高中语文注重培养学生的文化素养，积累语文常识，为高考作准备。因此，语文教师要将课堂的气氛调节得很活跃，可以利用投影仪将枯燥的课文变换一种形式展现给学生。例如，《沁园春·雪》《师说》和《归园田居》等都是属于比较枯燥的需要背的内容，为了加强学生的记忆，完全可以通过相关故事的引入，激发学生的兴趣，加强其记忆。四是养成良好的阅读习惯。教师可以先向学生推荐他们感兴趣的书目，随着阅读习惯的逐渐养成再向他们推荐更多文学类的名著，并以每周一节课轮流交流读后感的方式检查读书情况。五是开展各种活动。定期或不定期地开展普通话或写字比赛，故事会，演讲会，猜谜、对对联、成语接龙比赛，辩论会，诗歌朗诵会，背诵古诗词或课文比赛，阅览室活动，交流会，写作比赛，调查报告等活动，也许会激发学生学习语文的兴趣，提升学生薄弱学科的素养。

在快乐中教学，在教学中快乐。

第二节　学科特征

一、语文

《普通高中语文课程标准（2017年版）》明确指出："语文是最重要的交际工具，是人类文化的重要组成部分。"工具性与人文性的统一是语文课程的基本特征。叶圣陶先生认为："语就是口头语言，文就是书面语言。把口头语言和书面语言连在一起说，就叫语文。"

中国由于古代文献丰富，文字比较特殊，语言比较发达广义的语文包括语言学，也就是语言学和文字学的总称。但现在由于国际学术分科中语言学是一大类，所以目前反而是语文学从属于语言学，成为语言学的一个分支。狭义的语文是语言和文学、文化的简称，包括口头语言和书面语言。口头语言较随意，直接易懂，而书面语言讲究准确和语法。文学包括中外古今文学等。语文能力是学习其他学科和科学的基础，也是一门重要的人文社会科学，是人们相互交流思想等的工具。英语也是语文的一种形态，中国少数民族地区也学习民族语文。

语文即生活。生活中，语文无处不在，无时不有。语文的外延和生活相等，生活的任何内容都离不开语文。语文反映历史，也反映现实，具有很强的时代性。语文又属于先进文化的内容。先进的文化既是一个时代的精神财富，又是引导人们前进的动力，同时还具有超前性。语文学习的内容同样既有时代性，又有超前性。语文学科也像其他社会科学一样，和人们的思想意识紧密联系，紧跟时代步伐，与时俱进。

（一）工具性与基础性统一

语文具有工具性与基础性统一的特点。工具性着眼于培养学生语文运用的能力。工具性作为语文的基本性质主要体现在以下几个方面：首先，语文是思维的工具；其次，语文是交际的工具。语文是人与人交际必不可缺的工具。语文课程的任务就是既要培养学生听、说、读、写的语文能力，还要传授并使学生掌握一定的语文知识。学生有了一定的语文知识和具备了一定的语文能力，可以为学好其他学科和走向社会奠定良好的基础。

语文学科中锻炼出来的理解能力能够帮助学生在其他科目的学习中进行分析和理解。语文学好了，有助于其他学科的学习。中文的语法知识和英语的学习联系也特别大，中文语法和英语语法有共通之处。

（二）人文性与思想性统一

文以载道，文道结合。语文课程除了要培养学生的爱国主义精神、社会主义思想道德品质和激发热爱祖国语文的感情之外，还要开阔学生视野，培养学生的创新精神，提高学生的文化品位，等等。人文性与思想性二者紧密相连，只是对同一事物的不同表述。基于这种认识，语文教学就要在进行听说读写等语文训练的同时，充分渗透和体现其人文性、思想性。不同地区，人们的语言、风俗、文化等都有很大的差异。重庆与北京不同，沿海与云阳不同，工业区与农业区又不同，这些都直接影响着人文性很强的语文科目的学习。

初高中语文教材的容量并无多大变化，但高中的周课时为4节，是初中课时的2/3。高中学习的科目比初中要多，高中文化课有6门（仅指高考科目），学习负担加重，这样，学生在课外用于语文学习的时间就相对减少了。这样两个"减少"，实际上就给语文学习增加了难度，提高了要求。

高中课程设置在具体知识点、具体例题讲解中融入了学习方法。对于语文学习包罗万象、无所不及的特点，大家对资料要注意归纳，分门别类。语文知识点零散，学生要注重平时的积累，有计划循序渐进地积累和巩固基础知识，接受新语言、新观念、新知识。

（三）开放性与多样性统一

语文教学，不但内容上具有开放性，教学方式上也具有多样性。语文教学在课堂教学的基础上，还可以开辟"第二课堂"，引导学生进行课外的语文活动，促进学生语文水平的提高。

语文所包含的内容具有开放性，从高中教材所涉及的内容看，几乎包括人类进入文明社会以后各个时期的作品。例如，从中国古典文学的角度看，涵盖从《诗经》到明清的诗歌、散文、戏剧、小说等各种文学形式，而其中的作家作品、文学文化常识、实词、虚词、句式、修辞、文章内容理解归纳、文学鉴赏以及语言的运用等，都在学习范围之内；外国文学则重点学习历史上著名作家、政治家的有较大影响的诗歌、小说、散文、演讲词等作品。风格上，更是不拘一格。例如，第二次世界大战后西方兴起的"后现代主义"小说也被选入教材。

（四）实践性与应用性统一

"纸上得来终觉浅，绝知此事要躬行。"实践出真知。读书、写字、作文、讲话、听话、写信等，都是语文的实践活动，也是语文的应用。传统的教学方式，老师讲、学生听，比较机械，效率不高。

高中语文学习的要求已上升到能够对有关内容进行知识性、系统性的理解和领悟，将感性认识上升为理性认识，将文本中的问题通过知识体系解决。比如学习诗歌，初中要求是背诵，形成语感，在教师的指导下能够初步理解诗意，而高中则要求能够对其进行分析，学会初步鉴赏和感悟。作文则从"是什么"到"为什么"，突出思辨能力的培养。

（五）探究性与创造性统一

新的教学观念要求，教学不但要以学生活动为主，而且还要进行研究性学习，培养学生的创新精神。研究性学习已经被列为高中阶段不可缺少的学习方式。语文教学不再是死记硬背和口耳相传，还需要激发学生的学习兴趣，启发学生的思维方式，带领学生去探讨、去研究、去创造。学习的过程就是探究的过程，也是创造的过程。探究性和创造性同样是语文的特点。

高中语文教学以探究性获取为主，是一种主动式的学习，需要把以教师传授知识为主的教学过程转变为学生在教师的指导下主动获取知识、获得能力的过程。教师不再是"奉送真理"，而是教给学生"发现真理"的方法、途径和规律。这样，学生自己用"拐杖"走路，可以培养自主能力，发展自主能力，这是一个质的飞跃。

二、英语

《普通高中英语课程标准（2017年版）》指出："普通高中英语课程是高中阶段全面贯彻党的教育方针、落实立德树人根本任务、体现社会主义核心价值观的重要载体之一，是一门以立德树人为教育目的，与九年义务教育阶段课程相衔接，培养高中生英语学科核心素养的基础文化课程。"

（一）育人性

《教育部关于全面深化课程改革落实立德树人根本任务的意见》指出："立德树人是发展教育事业的核心所在，是培养德智体美全面发展的社会主义建设者和接班人的本质要求。"这要求我们将全面贯彻党的立德树人、全面发展的教育方针作为高中课程改革和高中学科教育的指导思想。基于育人本质的高中英语课程，我们要培养具有中国情怀、国际视野和跨文化沟通能力的人，要在培养学生综合语言运用能力的同时，渗透情感、态度、价值观的教育，让学生掌握应对全球化的时代挑战、进行跨文化交流与合作、满足国家发展和个人发展所需的语言能力、文化意识、思维品质和学习能力。

（二）工具性

英语是被世界上许多国家采用的官方语言，也是世界上被使用得最广泛的第二语言和外语之一。英语作为当今世界广泛使用的国际通用语，在国际合作与交流中起到重要沟通媒介的作用，也是中华民族与世界多元文化沟通与交流的重要桥梁。全球化、信息化时代，运用英语进行跨文化交流是现代社会公民应该具有的基本技能。

高中英语的学习培养学生英语学科的核心素养，"有利于学生立足中国看世界，了解英语国家的社会和文化，有利于培养学生的国家情怀、国际视野和全球意识，形成多元、审辨思维和批判思维，有利于学生学习科学文化知识和四个文明成果，有利于学生未来参与国际交流与合作，传播中国声音，讲好中国故事"。通过英语学习，学生具备了得体使用英语的综合能力，可以更好地了解国际社会和国际规则，更好地认识多元社会和多元文化，在加强国际传播能力等方面发挥重要作用。

（三）人文性

《普通高中英语课程标准（2017年版）解读》指出："高中英语可以使学生认识不同语言所承载的文化内涵和思维方式，通过英语语言和多元文化的学习、评析和批判，形成开放、包容的态度和多元视角，在学习和发展英语综合运用能力的同时，拓宽国际视野，提炼认知品质，树立人类命运共同体意识和多元文化意识，发展健康的审美情趣和良好的鉴赏能力，促进综合人文素养的提高……养成良好的跨文化意识和沟通能力，树立正确的世界观、人生观和价值观。"

三、通用技术

通用技术是一门立足实践，注重创造、高度综合、科学与人文融合的课程，具有以下特征：

（一）立足实践

通用技术立足于学生的直接经验和亲身经历，立足于"做中学"和"学中做"。它以学生亲历情境、亲手操作、亲身体验为基础，强调学生的全员参与和全程参与。每个学生通过观察、调查、设计、制作、试验等活动获得丰富的"操作"体验，进而获得情感态度、价值观以及技术能力的发展。

（二）高度综合

通用技术具有高度的综合性，是对学科体系的超越。它强调各学科、各方面知识的联系和综合运用。学习中，学生不仅要综合运用已有的语文、数学、物理、化学、生物、历史、社会、艺术等学科的知识，还要融合经济、法律、伦理、心理、环保等方面的知识。学生的通用技术学习活动不仅是对已有知识与技能的综合运用，也是对新的知识与能力的综合学习。

（三）注重创造

技术的本质在于创造，通用技术是一门以创造为核心的课程。它通过信息的获取、加工、管理、表达和交流，通过技术的、工具的研究制作和评价，通过技术思想和方法的应用及实际问题的解决，为学生展示创造力提供广阔的舞台，是培养学生创新精神和实践能力的重要载体和有效途径。

（四）科学与人文融合

技术是人类文化财富的一种积累形式。任何技术在凝结一定的原理和方法、体现科学性的同时，都携带丰富的文化信息，体现一定的人文特征。通用技术不仅要用技术内在的神秘感、创造性和独特的力量来吸引学生参与，还要用技术所蕴含的艺术感、文化性以及道德责任来打动学生的心灵。

"动起来"是通用技术课程教学的显著特征。只有充分发挥学生的主体作用，充分让学生从"手"与"脑"两方面积极主动地"动起来"，才能完成教学目的，提升学生的学科素养。

第三节　学科素养

2014年，教育部印发的《关于全面深化课程改革落实立德树人根本任务的意见》首次提出"核心素养体系"的概念。同时，正在进行的普通高中课程标准修订，也将核心素养作为重要的育人目标。

2016年9月13日，《中国学生发展核心素养》研究成果在京发布。该成果是教育部委托北京师范大学联合国内高校近百位专家成立课题组，历时3年完成的，内容涉及今后的课标修订、课程建设、学生评价等诸多方面。

2016年9月26日，由中国教育学会主办，以"评价与学生核心素养"为主题的专题研讨会召开，几百位教育领域的专家重点围绕中国学生发展核心素养及评价改革的理论和实践问题展开深入研讨。核心素养的提出让教育改革进入"3.0时代"。对于"核心素养"一词，尽管不同国家的表述不同（如美国21世纪技能合作组织将其称为"21世纪技能"，经济合作与发展组织将其称为"关键素养"，澳大利亚称其为"综合能力"），但都是不同组织、国家和地区对于未来的公民到底应该是什么样子，应该具备怎样素养的追问。

一、语文

《普通高中语文课程标准（2017年版）》指出，语文学科的核心素养在言语实践中可以表述为语言建构与运用、思维发展与提升、审美鉴赏与创造、文化传承与理解四个方面。语文素养是一种以语文能力为核心的综合素养。

语文素养的要素包括语文知识、语言积累、语文能力、语文学习方法和习惯，以及思维能力、人文素养等。语文素养的提出是我国语文教育界对语文学科的性质、地位、目标和方法进行全面反思后的结果，标志着语文教学研究从此进入了一个新的阶段。

高中语文素养包含哪些方面的内容呢？说它包含语文的知识积累、语感、句式、语法、语文学习方法和习惯、识字写字能力、阅读能力、写作能力、对文章的理解能力和口语交际能力，一般人都能接受，但要说它包含思维品质、文化品位、审美情趣、知识视野、情感态度，特别是"思想观念"，可能有人觉得不好理解。

作为母语教育，语文教学贯穿学生的整个学习生涯，语文核心素养的培育是语文教学的重中之重，尤其是在学生热情洋溢的高中阶段，是培养学生核心价值观的最佳时期。语文教学不仅承担着母语教育及文化传承的责任，更重要的是帮助学生培养现代主流价值观，与时俱进地培养学生的核心素质。

语文作为一门母语教育课程，既是一种交际工具，也是一扇认识人类文明尤其是本民族精神发展的窗户。语文学科在促进学生形成良好的个性和健全的人格，促进学生德智体美的和谐发展上，起着重要的奠基作用。原来限于认知领域的"语文能力"很难全面地概括新时期语文教学的目的和功能，因此，"语文素养"的概念就诞生了。

在课程标准中，语文素养的内涵是非常丰富的。它绝不是一种纯粹的语言技能，而是一种综合的文明素养，是个体融入社会、自我发展不可或缺的基本素养。语文素养概念的提出使语文教学在弘扬科学理性精神，注重语言的准确、简明、实用，与防止把人工具化，注重创新思维的培养、人文精神的熏陶、完美人格的塑造这几者的矛盾中寻求一种平衡，这是对历次语文教学大纲的历史性超越。

语文思维体现了核心素养的学科化，语文核心素养的培养应当注重学生的思维发展。语文教育的具体教学手段不同，但是都应注重学生思维发展与提升的训练。尊重学生的个性差异，因材施教，不否定个体间思维方式的差异。在注重思维方式的逻辑性、系统性及整体性的同时，教师尊重学生个人的思维方式，重视学生看待事物的角度；鼓励学生从不同的视角看问题，形成全面的辩证的思想；着力对个体思维方式进行训练，使其在形象思维与抽象思维能力方面都有提升。

秉承"以人为本"的教育理念，教师应在教学当中突出学生的主体地位，以培养学生的核心素养。培育学生的语文核心素养应将传授文化知识和培养学生的优秀品格作为基本目标，尊重语文学科的特性，充分把握核心素养的内涵，从而提高学生的全面素质。

例如，学习《烛之武退秦师》《荆轲刺秦王》《鸿门宴》时，过去课堂教学主要由教师讲解文言实词、文言虚词、文言句式、艺术手法等知识，学生大多处于被动接受的状态。而新的课堂教学则强调"以学生为中心"，围绕真实情境中的问题展开探究活动，调动学生原有的经验，促使学生主动学习。在这样的理念指引下，这些课文的教学可以采用课本剧表演、辩论赛、观影等活动形式，在真实的情境和活动中培育学生的语文学科核心素养。

又如，在学习《荷塘月色》的时候，教师可以直接鼓励学生对课文当中的优美段落进行鉴赏，品味课文的美感所在，并将自己的理解通过文字直观地表达出来；还可以让学生进行相关的图片、乐曲等形式资料的寻找。说到"荷塘月色"，很多学生第一个想到的便是凤凰传奇的同名歌曲，文化之间是相通的，审美也是如此。因此在教学过程中，教师可以不拘泥于文字的形式，而是以多种形式来培养学生的审美鉴赏能力。

二、英语

《普通高中英语课程标准（2017年版）》指出："学科核心素养是学科育人价值的集中体现，是学生通过学科学习逐步形成的正确价值观念、必备品格和关键能力。英语学科核心素养主要包括语言能力、文化意识、思维品质和学习能力。"

语言能力，指在社会情境中，以听、说、读、看、写等方式理解和表达意义的能力，包括在学习和使用语言的过程中形成的语言意识和语感。英语语言能力是构成英语学科核心素养的基础要素。英语语言能力的提高包含文化意识、思维品质和学习能力的提升，有助于学生拓宽国际视野和拓展思维方式，开展跨文化交流。

文化意识，指对中外文化的理解和对优秀文化的认同，是学生在全球化背景下表现出的跨文化认知、态度和行为取向。文化意识体现了英语学科核心素养的价值取向。文化意识的培育有助于学生增强国家认同和家国情怀，坚定文化自信，树立人类命运共同体意识，学会做人做事，成长为有文明素养和社会责任感的人。

思维品质，指思维在逻辑性、批判性、创新性等方面所表现出来的能力和水平。思维品质体现了英语学科核心素养的心智特征。思维品质的发展有助于提高学生分析和解决问题的能力，使他们能够从跨文化的视角观察和认识世界，对事物作出正确的价值判断。

学习能力，指学生运用和调适英语学习策略、拓宽英语学习渠道、提升英语学习效率的意识和能力。学习能力是英语学科核心素养的发展条件。学习能力的培养有助于学生做好英语学习的自我管理，养成良好的学习习惯，拓宽学习渠道，提高学习效率。

《普通高中英语课程标准（2017年版）解读》指出："语言能力是基础要素，文化意识是价值取向，思维品质是心智特征，学习能力是发展条件。这四大要素相互渗透，融合互动，协调发展。"

三、通用技术

新课标提出学科核心素养的概念，强调综合应用各学科的知识、观念与方法解决现实问题。学科核心素养是学科和教育的有机融合，通用技术学科的核心素养主要有技术意识、工程思维、创新设计、图样表达、物化能力五个方面。

（一）技术意识

技术意识是指对技术现象及技术问题的感知与体悟。技术意识使学生形成对人工世界和人技关系的基本观念；能就某一技术领域对社会、环境的影响作出理性分析，形成技术敏感性和责任感；能把握技术的基本性质，理解技术与人类文明的有机联系，形成对技术文化的理解与适应。

（二）工程思维

工程思维是以系统分析和比较权衡为核心的一种筹划性思维。工程思维使学生能够认识系统与工程的多样性和复杂性；能运用系统分析的方法，针对某一具体技术领域的问题进行要素分析、方案构思及比较权衡；领悟结构、流程、系统、控制基本思想和方法的实际运用，并能用其进行简单的决策分析和性能评估。

（三）创新设计

创新设计是指基于技术问题进行创新性方案构思的一系列问题的解决过程。学生能运用人机理论和相关信息等综合分析技术问题，提出符合设计原理且具有一定创造性的构思方案；能进行技术性能和指标的技术试验、技术探究等实践操作，并进行观测准确的记录与信息加工分析；能综合各种社会文化因素评价设计方案并加以优化。

（四）图样表达

图样表达是指运用图形样式对意念中或客观存在的技术对象加以描述和交流。学生能识读一般的机械加工图及控制框图等常见技术图样，能分析技术对象的图样特征，会用手工和二维或三维设计软件绘制简易三视图、草图、框图等，能通过图样表达实现有形与无形、抽象与具体的思维转换。

（五）物化能力

物化能力是指将意念、方案转化为有形物品或对已有物品进行改进与优化的能力。学生能知道常见材料的属性和常用工具、基本设施的使用方法，了解一些常见工艺方法，并形成一定的操作经验的积累和感悟；能进行材料规划、工艺选择及其比较分析和技术试验；能独立完成模型或产品的成型制作、装配及测试，具有较强的动手实践与创造能力。

通用技术学科核心素养的教学实践，一是要从学习的本质——解决问题出发。二是要基于真实的生活情境。真实的情境是知识转化为素养的重要途径，是核心素养实现的现实基础。三是学科活动的目的是让学生的亲身经历与学科知识建立联系，帮助学生通过经验的获得来重构知识，形成和发展核心素养。

第四节　专业素养提升策略

教师专业素养是教师拥有和具备的教学情境的知识、能力和情意的集合，它是在教师具有的生理、心理方面等先天条件和一般的道德品行的基础上经过正确而严格的教育所获得的。

一、教师专业素养结构

（一）教师专业知识

新课改背景下，教师的专业知识已经不只局限于学科知识和教育学知识，其知识结构的分类更加复杂且多样化。如今，教师的专业知识不能仅仅停留在理论知识层面，还应与实践相结合，积累丰富的课堂教学经验，以达到理论与实践相结合的目的，提高教师的教学水平。

（二）教师专业能力

教师在有充足的理论知识为支撑的前提下，通过大量的教学实践活动积累丰富的教学经验，从而形成自己的教育教学技巧。教师专业能力的最大体现在于学科知识的专业性和教学方式的艺术性，能够在最短的时间内让学生接受更多的知识，并且可以发挥他们的主观能动性，激发他们的学习潜能。

（三）教师专业情意

教师专业情意是指教师对教育事业的一种深厚的感情，这种感情是教师可以数十年如一日地耕耘在教育第一线的核心动力，也直接影响到教师教育知识和技能的发挥。通常，教师专业情意分为四个方面：专业信念、专业理想、专业性向以及专业自我。

二、发现的问题

（一）课前准备阶段的困惑

现在的教师大部分仍然采用个人备课的方式，疏于集体备课。这种"单打独斗"的备课方式最大的弱点在于无法结合集体的智慧，使得经验不足的青年教师常出现教学重、难点不突出，逻辑混乱等问题。课前备课过程是一个为教学设计方案的过程，教师基于对课本知识点的熟悉、对学习者特点的了解预设教学情境，梳理教学思路，考虑会出现的问题，找到相应的解决方案。中老年教师有足够的教学经验，青年教师有足够的工作激情，把二者很好地结合起来，更有利于优化课堂教学效果。在信息欠发达的农村地区，集体备课能够很好地克服当前教育技术支持力度不足的缺点，使教师发挥各自优势，扬长避短。

（二）落后的教学手段及理念

在传统的教学过程中，教师习惯自己把控课堂的一切，因此通常采用的是"行为主义"教学策略。这一策略虽然可以在很大程度上发挥教师的主导作用，但也抑制了学生的主观能动性。新课改后的课程与传统的课程相比，更加注重探究性、创造性和开放性，这是对教师教学能力的一大挑战。在实际教学过程中，教师会出现各种不尽如人意的情况，如教学行为机械、死板，创新能力缺失，长期受自我"舒适地带"的影响等。

（三）缺少课后反思

教师的课堂教学行为更注重书本知识点的传授，对于学生个性的发展、综合技能的提高方面涉及较少。在完成教学行为之后，教师应该对课前准备、课堂教学以及教学效果等一系列结果进行审视和分析，总结经验教训，目的是促进教师努力思考，以职业知识而不是以习惯或传统作为基础行动。教师课后的反思活动是十分必要的，经过反思可以发现问题，优化课堂教学，提高教学质量。

三、课程改革背景下教师专业素养的培养策略探讨

（一）提高教师自身素养

教师仅有投身教育实践的热情是远远不够的，还需要坚实的文化素养作为根基。特别是在信息时代，知识更替日新月异，如果不跟上时代的步伐，一直墨守成规，就容易造成目光短浅、思维偏激等问题。作为知识的传播者，教师不仅要掌握相关的专业知识，更要了解时代变化对教育领域提出的新要求，跟上时代潮流与国家的教育政策。由于秦巴连片贫困地区信息技术相对落后，教师在职参加培训的机会远远少于城市教师。基于以上原因，教师更加需要书籍的滋养。教师通过读书，可以了解最新的教育教学理论和前沿动态；通过读书，可以激活思维，开阔眼界；通过读书，可以不断更新知识，丰富文化内涵和提高自身素养。书籍不仅能使教师开阔眼界，洗涤教师的心灵，更能锻炼教师的思维，提升教师的文化底蕴。

（二）转变教学观念

学校应创造有利条件，鼓励教师合作，互相学习和分享教学经验，这是我们地区目前教师在有限条件下提高教学质量和自身专业素养的有效方法。学校要支持教师观念的转变，教师要改变过去单独教学的传统，转向两位或多位教师之间合作教学，在自愿平等的基础上组成合作小组，分析问题、分享经验、分担困难。课前准备阶段，教师可采用集体备课方式共同探讨同一单元的重、难点，预设教学情境，梳理教学思路，设想可能出现的问题及相应的解决方案，形成教案。课堂教学主要以教师之间相互进行课堂观察为主，包括教学目标的实施、班级情况的管理、突发事件的处理等内容。参与观察的教师应当对课堂的相关情况及时记录，以便课后总结。课后反思包括个人反思和集体讨论，这是同伴互助的重要环节，也是改善教学行为、提高教学质量的关键步骤。被观察的教师首先进行自我剖析和反思，总结教学经验，提出困惑。观察者则根据课堂记录反映出的问题给予及时反馈，提供建议或共同讨论解决方案，通过观察者和被观察者之间的有效对话达到发现问题、解决问题的目的。课前准备、课堂观察、课后讨论三个阶段环环紧扣，

缺一不可。这些互助环节主要围绕促进学生发展、提高学生成绩、改善教学实践等问题来展开。

（三）突出反思性教学的作用

对教师而言，对课堂教学效果的不断反思是教师专业素养成长的重要途径。经过反思，教师的教学经验可以上升到一定的高度，并对自己以后的教学行为产生潜移默化的影响。而立足于教师日常教学活动的反思，是培养教师反思性教学习惯的关键。

提高教师的专业素养是一个循序渐进的过程，在这个过程中，教师作为需要提升的主体，有着至关重要的作用。总之，教师素养的提升需要各方面协作。这不仅关系到教师个人能力的发展，对于改善我们地区的教学质量也有重大意义。

第一章 概述

第二章

语文建设

第一节　语　　感

　　语感是指对语言文字的直觉感知能力，是在长期的朗读实践中逐渐形成的对语言文字的一种深层的感知与把握。如何以朗读为手段使学生从读中品味，从读中理解，从读中透视文章形象，从而达到既训练学生的口头表达能力，又促进学生对文章的理解，尤其是开发语感这一非智力因素的目的呢？近年来，我对吟诵法、直观法、想象法、比较法在朗读中培养学生语感的作用作了一些尝试。

　　在朗读中培养语感，吟诵法有着举足轻重的作用。朱熹在《训学斋规》中说："凡读书……须要读得字字响亮，不可误一字，不可少一字，不可多一字，不可牵强暗记。只是要多诵遍数，自然上口，永久不忘。"叶圣陶老先生也告诉我们："吟诵第一求其合于规律，第二求其通体纯熟。"由此不难看出，朗读在吐字清晰的基础上，应把握语调的高低、强弱、缓急和语言的节奏，进而把握作者的情感脉络，将全文烂熟于心，自己读来朗郎上口，听者能为之动容。要能做到如此，教者应该在上课之初亲自范读文章，让学生于静听默思中体会语势、节奏、情感，获以规范，用自己的口将无言的文字变成有声的语言来引导学生、提示学生、感染学生，使学生产生跃跃欲试的想法。这时，让学生朗读并给予语音、语调、停顿、表情等方面的具体指导，然后学生才有可能按朱熹、叶圣陶老先生的标准进入角色，充满情感、智慧地朗读。这样，日积月累，学生的语感就能在朗读过程中得到强化、提高。目前，我班绝大多数学生能做到站在讲台上，将一篇新文章凭自己对语言的直觉进行朗读，并能调动语言的音乐感、韵律美，使整个朗读过程中自始至终充盈着一种语言美的氛围。

朗读时所要感知的材料是无声的文字，这是一种间接性的感知，即凭眼观文字，凭口读出声，凭耳接受语言信息，凭脑构想和直接产生联系，形成表象的方法。在进行直观练习时，要抓住语言文字描绘的画面的表象，运用过往的知识经验和情感体验，对人物的外貌、活动细节及其变化过程乃至景物的层次、方位、距离，事物的动静、色彩、音响等进行形象的感知，在脑海里形成如见其人、如临其境、如闻其声的立体画面，使其具体、生动、形象。

例如，《荷塘月色》描绘了月下荷塘的宁谧、素雅之美，花叶婀娜，荷香如歌，流水脉脉，学生根据自己的想象，画出图画，从图画中迅速地感知课文，构建作品情境，易于体会"画中有诗、诗中有画"的境界。"一切景语皆情语。"这幅淡雅、朦胧的荷香月色图诉说的情语使人产生"月色本无形，它却能以荷塘为依托，化无形为有形，使我们眼前叶朦胧、花朦胧、香飘水溶溶，月色无处不在"的心声。面对学生的激情，听者无不为之动容。这也是采取直观法培养语感的结果。

能凭直观感知形象还不够，还要指导学生体会语言文字材料背后蕴含的境界和情调，尤其是在朗读描写性语言时，更要对语言文字深层有新感受，从而想象文章的意境，这也就是"想象法"所应达到的境界。有的课文以情取胜，情在景中，景中见情，令人遐思。例如，《林黛玉进贾府》中"赤金盘螭璎珞圈""豆绿宫绦""束发嵌宝紫金冠""二龙抢珠金抹额"等令人费解。当相应的图片和视频出现时，学生有了真实的视觉体验，就能深刻理解文章内容，学习起来自然而然达到事半功倍的效果。例如，在学习《兰集亭序》时帮助学生联想王羲之的书法，从他那刚劲有力的书法中去感受他的欢乐和感慨。要让学生能从字里行间里看出情调，就要加强想象的培养。教学中，可在读前想，读后想，带着问题读读想想，从而实现对语言文字深层的感知与把握。

在朗读教学中培养语感还可进行比较法的练习。这项练习有助于学生感知语言材料本身，而且能为学生进一步理解课文特征铺开道路。也就是说，在朗读中，学生能通过语言文字对文字的情致、风味、语体、语调、结构等进行感知，从而把握其特征。例如，当学生朗读完《荷塘月色》第五自然段后，学生纷纷说"（朦胧淡雅）月光是无形的，作者是怎样描绘它的呢？"（叶子和花、薄薄的青雾、淡淡的云、树影、斑驳交织的光影）

"欣赏的是哪一处描写呢？找出来谈谈你的理由，注意这几个词语：泻、浮、洗、画。"

"一个'泻'字，我们眼前，月光如水，静静流淌。流在荷塘，流在心上。流在荷塘，平添秀色；流入我心，清净无尘。"

"一个'浮'字，写出荷塘之上，薄雾轻扬而上，又漂漂不定。无色胜似有色，无形更显绰约。朦胧之中，花更柔美，叶更缥缈。"

"一个'洗'字，却用牛乳，洁白无瑕，细腻如丝。比之水洗，更多些许柔和温润。"

"一个'画'字，大自然为画师，以月光当清水，以树影当浓墨，把荷塘当画纸，轻点晕染，明暗有致。如此画面，这般美景，功劳非'画'字莫属啊。"

从学生简洁明晰的答语中不难看出，他们对散文的炼字有着深切的直感。

学校的语文教学应该是语言和文字并举，以语言为门径，以文字为重点，达到语言和文字都提高的目的。要使我们的教学不成为一种"半身不遂"的语文教学，就应该加强语言教学，努力探索在朗读教学中对学生语感的培养，以求学生对于语言的感知趋向一致，形成情感"共鸣"，为更好地理解文章打下基础。

第二节　诗歌教学的有效性

有的诗主题鲜明、直抒胸臆，比较好懂；有的诗很含蓄，把真意藏匿起来，以曲折或折射的方式加以暗示，需得费力揣摩。读后一类诗，要注意领悟，少作一些无谓的解释，也许会更接近或切合诗的真意。

三分诗，七分读。诗，读是重点，理解感悟是关键。刘勰曰："缀文者情动而辞发，观文者披文以入情。"例如，读《登高》时，可以采用情读的方式。学生全身心投入，弄清重点，联系自己的生活阅历，充分调动自己的想象，可品评其中一个约他的远亲吴郎没有来，诗人感慨万端、独自登高的意味。通过朗读，学生达到如临其境、如见其人、如闻其声的境界，才能更准确地体会诗中的表现手法对表达诗人思想感情的重要作用，从而受到感染。其教学模式是联系学生的生活实际去读、思、悟、品、读、诵，以求诗歌的有效性教学。

读。范读，教师在音画图像的变换中范读，以帮助学生在"激昂处还它个激昂，委婉处还它个委婉"（孟子语）的音像情境中设身处地感受，促使学生发挥想象和联想，让学生受到感染和熏陶，给学生一个整体感知。

思。帮助学生在默读、释读中抓住重点词、重点句子、重点修辞，认真思考和体味，以便更好地理解诗歌的意境，培养学生揣摩诗歌和运用语言的能力。例如，教授"风急天高猿啸哀，渚清沙白鸟飞回。无边落木萧萧下，不尽长江滚滚来。万里悲秋常作客，百年多病独登台。艰难苦恨繁霜鬓，潦倒新停浊酒杯"时，可以在多媒体的帮助下播放杜甫独自登上夔州白帝城外的高台，登高临眺，百感交集。望中所见，激起意中所触；萧瑟的秋江景色引发了他身世飘零的感慨，渗入了他老病孤愁的悲哀，让学生品味杜甫忧国伤时的情操。让学生理解"万里，地之远也；悲秋，时之惨凄也；作客，羁旅也；常作客，久旅也；百年，暮齿也；多病，衰疾也；台，高迥处也；独登台，无亲朋也"。如此落实到语文教学的"根"，在字词积累中也对学生进行了思想教育。

悟。别林斯基说："诗人用形象和图画说话，大凡一首好的诗或词都是诗中有画，具有独特的意境、风格。"教师要帮助学生在朗读、精读中进入情境去感悟，从诗的意象创造的总体氛围中，把握它所要暗示或启迪东西，避免理解上的实指性，培养学生的文学素养。例如，"明月松间照，清泉石上流"，王维写出了清新、幽静、恬淡、优美的秋季山中的黄昏美景。时近黄昏，日落月出，松林静而溪水清。如此清秋佳境，风雅情趣，自是流连陶醉，忘怀世事。月照松林是静态，清泉流溢是动态，体现了王维自己的高尚情操与无忧无虑，表达了王维崇尚恬淡的田园生活，不愿同流合污，洁身自好的人生态度，彰显了王维亦官亦民，诗中有画，画中有诗的诗佛形象。理想境界的环境烘托，其人生大志也隐藏在字里行间。同时，运用了多媒体呈现以上的画面，帮助学生变抽象为具象，促进学生的感悟。如此紧扣住诗中描绘的画面形象和诗人在画中营造的氛围，分析诗中所绘之景，领悟景中蕴含之情，分析情中表达的诗人之志，学生也就悟出了此诗的意境，理解了此诗的主题。同时也培养了学生一种"猜测"的穿透力，通过意象的表面悟出它背后的深层意蕴，从而实现对重难点的突破与升华。

品。于研读、品读中品佳词丽句，反复琢磨，深入思考，结合实际，知其好在哪里，妙在何处。仔细品味，越品味越浓，越品越爱读，真正沉醉于其乐无穷的艺术享受之中，产生一种"沉醉不知归路"之感。例如，"无边落木萧萧下，不尽长江滚滚来"，无穷无尽的树叶纷纷落，长江滚滚涌来奔腾不息。诗人仰望茫无边际、萧萧而下的树叶，俯视奔流不息、滚滚而来的江水，在写景的同时，深沉地抒发了自己的情怀。"无边""不尽"使"萧萧""滚滚"更加形象，不仅使人联想到落木窸窣之声、长江汹涌之状，也在无形中传达出作者对韶光易逝、壮志难酬的感慨。沉郁悲凉的诗句，显示诗人出神入化之笔力，确有"建瓴走坂""百川东注"的磅礴气势，从而使学生理解被誉为"古今独步"的"句中化境"的境界，与作者产生一种情感上的共鸣。

读。教师可以借助课件帮助学生有感情地朗读，促进学生"以己意己志推作者之志"，以进入"作者胸有境，入境始与亲"的至情至真的境界；组织学生反复地读，心无旁骛，专心致志，直读得有滋有味、如饮醇酒、如啜芬芳，体会诗情，拓展想象，使学生受到真善美的熏陶，从而触摸到诗人的心灵，同诗人的思想感情产生共振共鸣；调动学生自己的生活经验去揣摩，推知体会诗人的心路历程，于自由读、抽读、齐读、分小组读、分角色读等口诵心惟中去品味诗人对理想境界的执着追求。

诵。"书读百遍，其义自见"，"熟读唐诗三百首，不会作诗也会吟"是早有定见的。教师要指导、帮助学生从整体上把握诗作，明确课文的内容，理清课文结构与作者思路。在领悟的基础上，反复地诵读，细心体会诗作的精妙之处，多读多背，多想多记，于口诵心惟中积累词汇，形成语感，促进学生进入诗作的洞天福地，领略诗歌语言的奇妙之处，自然地咂出诗歌的"个中三昧"，提高学生的阅读、感悟、赏析能力。

鉴赏一首诗词，还少不了"三看一品"。

1. 看题目——认识对象

借助诗歌的标题可以来推断诗歌的思想情感。例如，《春夜喜雨》表达欢愉喜爱之情（喜），《枫桥夜泊》表达羁旅愁思（愁），《悯农》表达对农民艰辛的同情（怜）。

2. 看作者——了解背景

了解了作者的生平、思想、创作风格，有助于对其作品思想感情的理解和把握。例如，杜甫，生于晚唐，是唐代伟大的现实主义诗人。当时的社会，民不聊生，诗人的一生更是颠沛流离，因此杜甫的诗歌有忧国忧民的，也有对自己命运的感慨。

第二章

语文建设

3. 看注释——破解难点

注释一般交代创作的年代、缘由、背景，多为整个作品奠定情感基调，有助于把握诗歌的思想情感。例如，姜夔在《扬州慢》序中说："予怀怆然，感慨今昔，因自度此曲。千岩老人以为有《黍离》之悲也。"小序对词作表达的昔盛今衰的感伤之情作了明确的概括。

品——意象。诗歌所写之"景"、所咏之"物"，即客观之"象"；借景所抒之"情"、咏物所言之"志"，即主观之"意"。"象"与"意"的完美结合就是"意象"。只有领悟"意象"中的寓意，才能把握好诗歌的思想感情。常见的意象如下：

（1）梅花：最先开放，傲霜斗雪——敢为人先，不畏权贵——君子。例如，陆游的著名词作《咏梅》中的"零落成泥碾作尘，只有香如故"一句，借梅花来比喻自己备受摧残的不幸遭遇和不愿同流合污的高尚情操。

（2）兰：清雅幽香，姿态优美——追求淡泊——君子隐士。

（3）竹：本固性直，心空节贞，绿竹葱茏——正直谦虚，坚贞高洁——隐士君子。

（4）菊花（黄花、东篱）——临秋而开，颜色淡雅——凌冰傲霜，不畏权贵；淡泊名利，不求闻达——志士、君子。

（5）草：随思绪而流转（碧草连天）——触动忧思，思念绵绵——表现离别羁旅之情。

（6）落花：花落春归——伤春悲秋，青春易逝。例如，杜甫的《江南逢李龟年》中的"正是江南好风景，落花时节又逢君"一句，写在风雨飘摇中颠沛流离的坎坷遭遇和悲凉心境。

（7）杨花（柳絮）：飘忽不定——离愁别绪——游子思归、好友相别，如苏轼的《水龙吟·次韵章质夫杨花词》中的"细看来，不是杨柳花，点点是离人泪"一句。

（8）长城，如《南史·檀道济传》。檀道济是南朝宋的大将，权力很大，受到君主猜忌，后来宋文帝借机杀他时，檀道济大怒道："乃坏汝万里长城！"后来也用"万里长城"代指守边的将领。

（9）楼兰：诗人常用"楼兰"代指边境之敌。例如王昌龄的《从军行》："青海长云暗雪山，孤城遥望玉门关。黄沙百战穿金甲，不破楼兰终不还。"

（10）化碧：常用"化碧"形容刚直中正的人为正义事业而蒙冤受屈。

（11）三径：陶渊明《归去来兮辞》中有"三径就荒，松菊犹存"的句子，后来"三径"就用来指代隐士居住的地方。

（12）柳岸：古人送别有折柳的习俗，后来就用"柳岸"指送别的地方。例如柳永的《雨霖铃》："今宵酒醒何处，杨柳岸晓风残月。"

（13）黍离：《诗经·黍离》中有"彼黍离离"的句，后来常用"黍离"表示对国家昔盛今衰的痛惜伤感之情。

（14）关山月：乐府曲调，多写征戍离别之情。

（15）杨柳（柳、杨）："柳"者，"留"也，柳枝依依——缠绵悱恻，离愁别绪——送别怀人。例如，"昔我往矣，杨柳依依"。《诗经》首开了咏柳寄情、借柳伤别的先河。

（16）松柏：岁寒后凋，高大挺拔——正气凛然，坚贞高洁——高洁之士。李白多次称誉松的物性，如"松柏本孤直，难为桃李颜"。

（17）梧桐：凄凉悲伤的象征，如"梧桐更兼细雨，到黄昏点点滴滴"。

（18）莲：因为莲出淤泥而不染，诗人借莲比喻不同流合污的节操。

（19）大雁（雁、飞鸿）：雁姿雄伟，春秋迁徙，鸿雁传书——雄浑悲壮，思乡之情，书信来往——壮士、游子、怀人。

（20）蝉：栖高饮露——志行高洁——高洁之士。

（21）猿：叫声凄切——悲凉凄清——忧愁忧思，如杜甫的《登高》中的"风急天高猿啸哀，渚清沙白鸟飞回"。

（22）杜鹃（杜宇、布谷、子规）：叫声凄切——悲凉凄清——忧愁忧思。

（23）鹧鸪鸟：离愁别绪。

......

日积月累终成博学之士。多一些积累，才不至于"书到用时方恨少"，自然会"腹有诗书气自华"。

第三节 诗歌阅读模式

诗歌是一种有节奏、有韵律的语言，以强烈的感情和丰富的想象，高度集中地反映现实生活，抒发思想感情的文学体裁。诗歌在我国的文学艺术殿堂里是一颗璀璨的明珠，有"艺术中的艺术"之称。在传统的中学语文教材中，诗歌占有一席重要之地，尤其是经典诗词，更是文化自信的源泉。然而长期以来，诗歌教学的现状却不尽如人意，其主要表现在：

一是缺乏整体性。受片面追求升学的影响，只强调了语文知识的横向逻辑关系而忽略了文体的纵向联系，从而导致教学内容偏难和零乱，忽视了对学生创新精神和实践能力的培养，使一颗颗耀眼生辉的明珠零星地散落在教材中黯然失色。

二是诗歌教学的随意性较大，学用脱节，缺乏学以致用的教学结构。受"标准化""规范化"等制约，过分追求所有学生达到同等标准，从而导致过高的统一要求，忽视学生的个性差异，形成以"本"为中心，只是盲目地强调多读多写多背或以教师讲授、课堂灌输为基础。传统的诗歌教学只重视知识的零散传播，忽视了对学生知识的融会贯通与学以致用的能力培养，形成了师生负担过重、高耗低效的教学模式。这种教学模式所带来的是学生学习诗歌的兴趣得不到激发，语言得不到积累，赏析能力得不到提高，情感得不到熏陶。

如何切实有效地改变这一现状，建构学以致用的教学模式，培养阅读诗歌的能力呢？学生在教师的主导下，通过探索和意义建构的途径获得知识，掌握方法、形成能力、克服原有教学模式的不足。

张志公先生曾说："学习语文，要非常快非常明确地学以致用，学了就用。要在两个方面有点突破性的方法，一是在效率上有所突破，二是在致用上有所突破。"如何实践张志公先生的"有点突破性的方法"？依据认知学派的理论，应使教师的教学和学生的学习"结构化""意义化"，以保证学习的认知质量，提高教学效率。教学是教师组织、指导学生主动认识和发展的过程，应走理论与实践相结合的路，建构学以致用的教学结构，教给学生终身受用的知识、能力、观念和思想方法，促进学生的全面发展，培养教学中学以致用的能力。教学需遵循"实践，认识，再实践，再认识"的过程，从不知到知，从知到用地学习和运用人类已有知识的认识过程。教学应建构"教""学""用"三大板块，落实"预习审题、略读感知、精读理解、研读总结、借鉴应用"五个环节的教学模式，培养学生阅读诗歌的终身学习能力。

三大板块：按照语文学科内在的逻辑顺序，按照学以致用结构的要求，可以统一考虑活动课程教材的安排，考虑隐蔽课程可能提供的环境，建构以学以致用为主的教学单元。具体地讲，就是将现行教材进行整合，以学以致用能力培养为主进行群分类，可将教材中的诗歌大体上整合为送别单元、居旅思乡单元、思妇闺怨单元、山水田园单元、怀古咏史单元、咏物言志单元、边塞征战单元、人生感慨单元、哲理单元、忧国忧民单元等，使整合后的教材结构化、意义化、程序化、集约化。在此基础上，组织教学，建构"教、学、用"三大板块的学以致用的教学模式。

"教"是现代的教，是指运用有意义的传授学习类教学模式，学习理论知识的教学。它以整合教材中心为统帅，以整合教材结构为纲，运用奥苏贝尔的"先行组织者"教学模式，充分发挥传授学习的优势，从上位到下位，系统高效地学习理论知识。

"学"特指尝试应用单元规律性知识的教学，即指导学生运用"教"所学到的单元规律性知识，进行尝试实践，目的在于帮助、促进学生建立运用规律性知识的训练程序，获得运用技能。让学生在做中学，主要运用活动学习类教学模式。以学生活动为主，通过示范，模仿组织训练，在理论指导下实践，在实践中回过头来学习理论，并在训练中掌握将理论运用于实践的程序，形成运用技能，为独立运用单元规律性知识作好准备。

"用"是独立应用的教学，即组织指导学生独立地应用所学单元规律性的知识技能去分析解决实际问题，达到培养学生能力的目的。此板块是运用布鲁纳的发现学习类教学模式进行设计的一种非线性结构。学生可以不拘泥于原有程序，可以在已掌握的知识、技能的基础上，运用教材和教师提供的材料、思路，自己确定学习程序，通过联想，创造性地解决问题，达到进行创造性思维训练的目的。此版块宜采用自主合作、问题探究、评议辩论、分析欣赏等模式的学习。总之，三大板块依据整合单元的三类教学目标，以单元规律性知识为纲，按"教、学、用"三阶段的顺序，分别运用传授学习、活动学习、发现学习等方法，组织学习知识型、技能型和能力型三种教材。板块结构为：

学习过程：	不知	知	用
	理解理论	巩固理论	独立运用
	尝试实践	形成技能	形成能力
教学过程：	教	学	用

板块结构

叶圣陶老先生说："语文教本只是些例子，以青年现在或将来需要读的同类的书中举出来的例子，其意是说你如果能够了解语文教本里的这些篇章，也就大概能读同类的书，不至于摸不着头脑。""语文教本如此锁钥，用这个锁钥可以开发无限的宝藏——种种的书。"

以上五个环节的教学促进学生再现感知体会的能力；掌握意境，理解诗的象征意义；理解把握诗歌的能力；了解诗歌的规律性知识；总结学习诗歌的规律、方法，从而体会诗中的情感内涵，捕捉诗人丰富的思想感情；从诗的意象创造的总体氛围中，把握它所要暗示启迪读者的意蕴。这些教学环节改造了学生的精神境界，净化了学生的灵魂，减少了语文教学中的"少、慢、差、费"，充分发挥了"例子"的作用，帮助学生拿到了语文学习这个锁钥，为学生的终身学习打下了基础，提高了学生的素质。

德国教育学家第斯多惠说："一个坏的教师奉送真理，一个好的教师则教人发现真理。"教师应建构学以致用的教学结构，培养学生阅读诗歌的能力。通过运用有意义的传授类学习模式，学习理论知识的教学，授人以渔，对学生进行强化训练，再以特定模式用于单元规律性知识教学，促进学生独立应用所学的单元规律性的知识、技能，去分析解决实际问题，促进语文学习紧密联系生活，学以致用。教师应使课堂教学节奏快、容量大、收效实、效率高，促进学生将规律类化，学会"反三"，触类旁通，实现阅读迁移，达到"教是为了不教"的目标。我们要全面落实核心素养教育，以学生的发展为本，促进学生生动活泼、主动地发展，大面积提高学生素质，培养实现中华民族伟大复兴需要的有用人才。

第四节　散文鉴赏

传统的以知识学习为中心的课程过分强调教师的外在诱导和灌输，把学生当成被动接受的客体，忽视学生的主观能动性，忽视学生的发现和探究。用这样的教学方式培养出来的学生缺乏独立性、能动性，缺乏创新精神和实践能力。为了学生的终身发展，《基础教育课程改革纲要（试行）》明确指出："改变课程实施过于强调接受学习、死记硬背、机械训练的现状，使学生主动参与，乐于探究，勤于动手，培养学生搜集、处理信息的能力，获取新知识的能力，分析和解决问题的能力以及交流与合作的能力。"如何在语文教学中培养学生的这些能力呢？如何落实新课程理念，实现学生学习方式的转变，使学生成为学习的主人呢？

为解答上述问题，我在高中语文课的教学实践中建构学以致用的教学结构，运用组织指导论和认识实践论，从改革教学结构入手，在制度和技术层面上，为落实新课程理念，保障学生的学习方式实现由他主学习向自主学习的转变，使学生成为学习的主人。学生学习方式的转变有赖于教师教学方式的转变，而教学方式转变的核心是教学结构的转变。因此，要实现学生学习方式的转变，必须改变语文课程传统的教学方式，必须革新传统的教学结构。组织指导论认为，现代教学过程本质上是教师组织、指导学生学习的过程，现代教学是进行全面发展教育的过程。因此，学生的学习不能仅仅停留在知识的掌握上，教师的教学不能仅仅停留在知识的传授上；教学的重点应转移到夯实双基、灵活应用上，应转移到培养学生的学习能力和应用语文知识去分析问题和解决问题的能力上来。教师的任务已不再只是传道、授业、解惑了，教师更重要的工作是组织学生学习。教师不仅是学生学习的指导者，更是学生学习的组织者、促进者。

教师应如何组织和指导学生学习呢？我们首先应该明白，现代学生的学习已不仅仅是一种单纯的认识过程，它应该是认识与实践有机结合的过程。它大多从感知理性知识开始，通过例证分析、尝试实践、独立应用三个阶段的学习活动来完成。学生通过学习对教材的认识从感性上升到理性，从理解、巩固到应用，从而获得应用知识的能力，得到科学的思想观念和思想方法的培育，这是一个学以致用的过程。与传统的特殊认识论不同，学以致用过程中的认识实践论强调知识学习和知识应用的有机结合，且特别强调知识学习重在实践，重在应用。因此，传统的知识课程"传授—接受"的教学方式应该转变为学以致用的教学方式。

下面以人教版高一教材散文单元的教学为例，从四个方面加以说明。

一、以能力为中心确定全面育人的教学目标

课程目标是课程的出发点，也是课程的归宿，决定教学方向，贯穿教学始终。学以致用从改革课程目标的内容和结构入手，变知识中心为能力中心，要求以奠定学生全面发展的基础为目标，以科学的人生观和世界观的形成为统帅，以适应变化和终身学习能力的培养为中心，以德、智、体、美、劳各方面的知识、能力、观念的学习与应用为基本内容，来建构教学目标体系。因此，我认为语文学科课程目标的重点是培养学生的"三种能力"和"一树立"，即培养学生读语文书获得语文知识的能力，应用语文核心知识分析问题和解决问题的能力，对人生观、世界观进行表达交流的能力，初步确立正确的人生观、世界观，树立远大的理想。根据新课程知识、能力、情感态度价值观三维目标的理念，我们把本单元的教学目

标具体确定为：

（1）欣赏写景文中的图画美、意蕴美，赏析情景交融的写作手法。

（2）把握情景关系，探究散文作品给人的启发和感悟。

（3）学习借景抒情、托物言志的表现手法。

（4）理解作者积极的人生态度和高尚的审美情趣。

二、按照学以致用的原则处理设计教材

散文教学单元以培养学生阅读、欣赏和评价散文的能力为核心来组织教学。人教社标准实验语文教材除了安排有系统的阅读、综合性学习和写作、口语交际分开编排而又使其相互配合外，还配套安排了与教学内容相关的表达和研究性课题，每一单元设有"单元导读""资料"及"实践活动（作业）"。这样的教材为我们建构学以致用结构的教学机制提供了基本条件。依据整体性原理和教学特殊认识实践论，学以致用主张既要按照学科内在的逻辑顺序，也要遵循学以致用结构的要求。在隐性课程可能提供的环境里，应统一考虑学科课程和活动课程教材的安排，其结构应以单元规律性知识为纲，从上位到下位，按知识性教材、技能性教材、学以致用教材的顺序编写，从而为教学提供具有学以致用结构的语文课程教材。据此，本单元运用学以致用教学模式，遵从简约性规律，以规律性知识的学习与应用为主线，对本单元教材作了如下调整、补充和处理。

首先，确定了本单元应教学的规律性知识：一是原教材的散文陈述性知识；二是补充的方法类的程序性知识，即读散文和进行赏析的方法。

以本单元散文知识和方法类知识的学习和应用为主线，按"教""学""用"三个环节处理教材，组织学生学习，把教学过程变成学以致用的过程。

散文单元学以致用结构教材内容一览表

教学环节	教学要求	教
"教"知识学习	揣摩优美的艺术语言，赏析情景交融、借景抒情的艺术手法。 理清文中的事物和感情线索，披文入情；结合优美的景物描写，具体分析比喻、比拟、通感的修辞效果。 理解作者"淡淡的喜悦""淡淡的哀愁"和他追求自由的精神	《荷塘月色》
"学"技能训练	赏析优美的描写语言和托物言志的手法，领略作品的绘画美、情感美。 遵循"披文—缘景—入情—得意"的思路，赏析意境优美、哲理深邃的艺术语言，解读艺术形象，把握情感，领悟哲理。 了解作者热爱自由、快乐生活和保持独立人格的思想感情	《我的空中楼阁》
"用"能力培养	捕捉景物描写和人物描写中的启悟点、动情点，探究作品的精髓。 探究情景关系，把握景、物、人、事描写中的启悟点、动情点，理解作者对生命的感悟。 树立珍惜生命，关爱他人的正确人生观	《我与地坛》

三、以能力培养为中心设计和实施课程

依据整体性原则从整体到部分再到整体，按先教后学再用的顺序，以学习应用散文的知识为基本内容，以培养学生应用散文的核心知识分析问题和解决问题的能力、提高学生的读书能力和鉴赏能力为主线，按照略读、精读、研读的读书程序，组织学生自己读书，从而实施新课程，落实新理念。

（一）略读，整体感知

组织学生略读教材，了解散文的知识结构框架，分析全文结构。具体组织的程序是问题引路—读书理解—讨论指导—小结应用。

提出四个问题，即本文的作者是谁？课文写什么景物，通过什么来抒发作者的情感？课文按什么顺序来组织写作？作者夜赏荷塘的目的何在？先写什么，再写什么，最后写什么？作者的情感是怎样变化的？并根据回答形成下面的课文结构图：

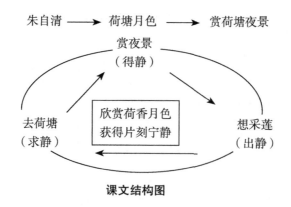

朱自清 ⟶ 荷塘月色 ⟶ 赏荷塘夜景

赏夜景
（得静）

去荷塘
（求静）

欣赏荷香月色
获得片刻宁静

想采莲
（出静）

课文结构图

（二）精读，具体理解

问题引路，提供相关教材，组织学生精读、讨论。

（1）略读描写去荷塘的部分后回答：作者是怎样写"去荷塘"的？先写什么，再写什么，最后还写了什么？（出门、途中、感受）

① 精读"出门"一段后回答：作者出门时的心情、时间、环境是怎样的？（颇不宁静）

② 精读"途中"一段后回答：作者具体写了哪些景物？通过哪些语言，描绘了怎样的情景？作者的感觉如何？为什么感到"很好"？

③ 在这样的环境里，作者的感受怎样？（超出了平常，是自由人）

（2）略读"赏夜景"的部分课文后回答：作者是怎样欣赏荷香月色的？先观什么，后看什么，再望哪里？（观荷花、看月色、望四面）

① 精读"观荷花"一段后回答：作者运用什么方法写荷花？（动态和静态结合）。把课文中描写荷叶和荷花静态的句子找出来读一读，说一说它的语言有什么特点。（擅用叠词和比喻）出示比喻句，分析其本体、喻体及相似点。这样写有什么好处？（形象生动，有鲜明的实观效应；节奏鲜明，韵律协调）组织学生通过朗读体会这些特点。课文通过写什么来写荷花的动态？（荷香和叶、花的颤动）是怎样描写的？把课文描写荷花动态的句子找出来读一读，体会作者运用通感的方法描绘景物的妙处。

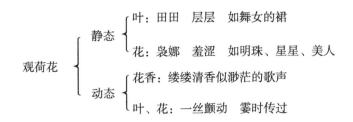

$$\text{观荷花} \begin{cases} \text{静态} \begin{cases} \text{叶：田田 \quad 层层 \quad 如舞女的裙} \\ \text{花：袅娜 \quad 羞涩 \quad 如明珠、星星、美人} \end{cases} \\ \text{动态} \begin{cases} \text{花香：缕缕清香似渺茫的歌声} \\ \text{叶、花：一丝颤动 \quad 霎时传过} \end{cases} \end{cases}$$

② 精读"看月色"一段后回答：作者运用什么方法写月光？（间接描写）课文通过写什么来间接写月光？（荷叶、荷花、树影）课文是怎样描写月光下的荷叶、荷花的？把句子找出来读一读，想一想并说一说月光"泻"和青雾"浮"是什么样的，"在牛乳中洗过"和"笼着轻纱的梦"又是怎样一幅景象，然后看录像有感情地朗读这些句子，体会本文的语言特色。

$$\text{看月色} \begin{cases} \text{月光：泻 \quad 青雾 \quad 浮} \\ \text{叶、花：似牛乳中洗过 \quad 像笼着青纱的梦} \\ \text{树影：参差斑驳 \quad 峭楞楞如鬼 \quad 倩影画在荷叶上} \\ \text{光影：和谐的旋律 \quad 如奏着的名曲} \end{cases}$$

（通感将视觉形象转化为听觉）

③ 精读"望四面"一段后回答：作者写了哪些景物来描写荷塘周围的环境？（树、山、灯光、蝉声和蛙声）课文是怎样描写树、山、灯光、蝉声和蛙声的？描写出一个怎样的环境？（寂静）为什么还要写蝉声和蛙声？（承上启下）

$$\text{望四面} \begin{cases} \text{树：围住荷塘 \quad 阴阴似一团烟雾} \\ \text{山：隐隐约约} \\ \text{灯光：没精打采 \quad 渴睡人的眼} \\ \text{蝉声和蛙声：最热闹} \end{cases}$$

（3）略读"想采莲"部分课文后回答：作者由蝉声和蛙声的热闹想到了什么？课文是怎么写的？（先简述，后引用《采莲赋》《西洲曲》说明古代江南采莲的热闹）看注释读一读《采莲赋》《西洲曲》，然后用自己的话说一说古代江南采莲的热闹和风流的情形。

（通过学习形成下面的结构图）

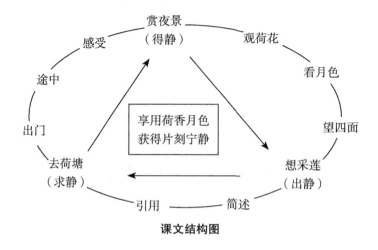

课文结构图

（三）研读，总结升华

（1）研读，从课文的内容和所表达的思想情感方面谈一谈本文结构特点。找出最能表达作者情感基调的语句，然后联系景物描写，说一说作者情感的发展变化并谈一谈写景与抒情的关系。（结构是圆形的。外结构依空间顺序，从出门经小径到荷塘再归来；内结构从求静、得静到出静，按作者的情感变化组织。情景交融，"颇不宁静"，"什么都可以想，什么都可以不想，便觉是个自由的人"，"热闹是他们的，我什么也没有"，"这令我到底惦着江南了"。）

（2）情读，体会本文语言特点。①精心选用动词和叠词。朗读，比较下面句子的用词。"薄薄的青雾浮（飘）起在荷塘里；（黑影和倩影）像是画（落）在荷叶上；月光静静地泻（照）在这一片叶子和花上；叶子与花也有一丝（点）的颤动；悄悄地披了大衫，带上门出去；这路上阴森森的；月光也还是淡淡的；田田的叶子；一粒粒的明珠；远远近近，高高低低都是树。"②景物描绘运用通感。"微风过处，送来缕缕清香，仿佛远处高楼上渺茫的歌声似的；光与影有着和谐的旋律，如梵阿玲上奏着的名曲。"③巧妙运用比喻、拟人。"叶子出水很高，像亭亭的舞女的裙；月光如流水一般，静静地泻在这一片叶子和花上；叶子和花仿佛在牛乳中洗过一样；又像笼着轻纱的梦；层层的叶子中间，零星地点缀着些白花，有袅娜地开着的，有羞涩地打着朵儿的。"

（3）以本课为例，小结写景散文的特点和一般学习程序。

特点：写景散文抓住景物特征，主要运用描写的表达方式，以描写景物的形态为主，用形象的、渗透情感的语言，通过正面和侧面描写、动态和静态描写，寓情于景来表达作者的思想感情。

学习程序：①整体感知，建立全文结构。略读，粗知写什么景，感知抒什么情，明确按什么顺序写影（线索）和怎样安排材料（结构）。②具体理解，充实结构内容。精读，以情为中心，以结构为依托，明确各段选取什么景物，运用什么方法，怎样围绕景物特点写景。情读，揣摩、体会、理解语言运用的特点。③总结升华，掌握全文结构。研读，抓住联系，概括内容，升华中心，明确本文特色，总结学习方法；情读，应用语言，表达情感，创造意境，体现中心。

"学"，在教师的指导下，模仿应用散文单元规律性知识和学习方法的教学，即指导学生应用"教"所学单元规律性核心知识和学习的方法，进行尝试实践，旨在帮助学生建立应用规律性知识的训练程序，学会运用技能。这为下一步独立运用单元规律性知识作好了准备，是理论应用于实践的过程之一。教学中，参照学习《荷塘月色》的程序组织，使教学活动具有线性结构。让学生在做中学，主要运用活动学习类教学模式，以学生活动为主，通过示范、模仿组织训练。"学"特别强调在理论的指导下实践，在实践中回过头来学习理论，并在训练中掌握运用理论于实践的程序方法，逐步学会运用技能，为"用"夯实基础，帮助学生由不自觉到自觉运用并强化这些知识和学习方法。

"用"，指促进学生灵活应用散文的特点及写作方法，促进学生的个性发展。其形式为实践活动课。它组织指导学生应用最普通、最核心的规律性知识于实践活动中，让学生学习社会经验，获得人生最基本的能力。活动学习和发现学习是学习的主要途径。"用"，要始终坚持以学生为本，帮助学生以现有的知识为起点，促进学生以话题为中心，组织学生以诵读、评价、讨论为交流信息的方式，把学生置于一种开放的、多元的活动环境中，给学生提供更多获取知识的方式和渠道，以提高学生的思维水平、实践能力。

四、具有全面育人的功能，全面落实新课程理念

本单元教学以散文最基本的知识学习为基础，以人格素养的培育为统帅，以读书能力、实践能力、分析问题和解决问题的能力为中心，在课堂教学与活动课程之间，建立学用结合的有机联系的机制，把教学过程变成学生对散文的知识学习与应用的有机结合的过程，使教学过程由以传授学习知识为中心转变为以培养能力为中心，为教师角色进行根本性的转变提供制度层面的保障。在学以致用的"教""学""用"三个环节中，只有"教"的环节以教师的教为主，"学""用"两环节都是以学生的学为主来安排组织教学活动的，这就在教学结构和技术层面上为落实技能训练和能力培养的任务提供了必要条件。在教师以教为主的"教"环节里，建构整体性的课堂教学结构，可以保障学生的主体地位，实现学生自主学习，可以彻底改变教师一讲到底的现状，使学生的主体地位真正得以体现。

从改革教学结构入手，建构学以致用的课程与教学机制，落实新课程对学生学习方式转变的要求，克服语文教学重知识、轻实践的片面性，整体体现新课程的理念，保障学生的学习方式由他主学习向自主学习的转变，使学生成为学习的主人，具有全面育人的素质教育功能，体现新课程的基本理念，在课程教学改革中落实科学发展观。

附：《荷塘月色》教学设计

荷塘月色

一、预习

1. 查字典掌握下面字的形、音、本义：

颇（偏、很） 幽（远、静、暗的地方） 僻（偏远） 蓊（草木茂盛） 郁（草木茂盛）缀（缝） 袅（烟气缠绕上升） 渺（微小） 茫

（广大的样子） 霎（小雨、时间极短）泻（很快地流下） 浮（漂） 斑
（杂色） 驳（杂乱，颜色不纯，用言词反对）倩（美好） 隙（裂
缝） 媛（美女） 鹢（水鸟） 顾（回头看） 敛（收拢）裾（衣服的大
襟） 缕（线）

2. 带着下面的问题读书，准备回答：①写什么景？②抒什么情？③课文
运用直接描写与间接描写相结合、动态与静态相结合的方法，怎样写景？怎
样抒情？

二、整体感知，建立全文结构

略读、审题，回答下面的问题，并根据回答形成下面的课文结构图：

（1）本文的作者是谁？（出示朱自清的画像和简介朱自清的文字说明）

（2）课文写什么景物，通过什么来抒发作者的情感？（荷塘月色，赏荷
塘夜景）

（3）课文按什么顺序来组织写作？（按时间和空间的变化顺序写作）先
写什么，再写什么，最后写什么？（去荷塘，赏夜景，想采莲）

（4）作者夜赏荷塘的目的何在？（欣赏荷香月色，获得片刻宁静）作者
的情感是怎样变化的？（求静、得静、出静）

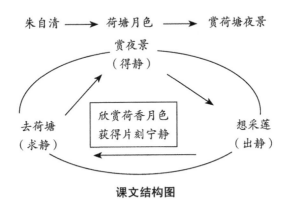

课文结构图

三、具体理解，充实结构内容

1. 略读描写去荷塘的部分后回答：作者是怎样写"去荷塘"的？先写什
么，再写什么，最后还写了什么？（出门、途中、感受）

（1）细读"出门"一段后回答：作者出门时的心情、时间、环境是怎样的？（颇不宁静）

（2）细读"途中"一段后回答：作者具体写了哪些景物，通过哪些语言，描绘了一种怎样的情景？作者的感觉如何？为什么感到"很好"？

（3）在这样的环境里作者的感受怎样？（超出了平常，是自由人）

2. 略读"赏夜景"部分课文后回答：作者是怎样欣赏荷香月色的？先观什么，后看什么，再望哪里？（观荷花、看月色、望四面）

（1）精读"观荷花"一段后回答：作者运用什么方法写荷花？（动态和静态结合）把课文描写荷叶和荷花静态的句子找出来读一读，说一说它的语言有什么特点。（擅用叠词和比喻）出示比喻句，分析其本体、喻体及相似点。这样写有什么好处？（形象生动，有鲜明的实观效应；节奏鲜明，韵律协调）组织学生通过朗读体会这些特点。课文通过写什么来写荷花的动态？（荷香和叶、花的颤动）是怎样描写的？把课文描写荷花动态的句子找出来，读一读，体会作者运用通感的方法描绘景物的妙处。

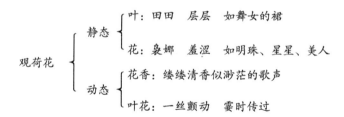

（2）精读"看月色"一段后回答：作者运用什么方法写月光？（间接描写）课文通过写什么来间接写月光？（荷叶、荷花、树影）课文是怎样描写月光下的荷叶、荷花的？把句子找出来读一读，想一想，并说一说月光"泻"和青雾"浮"是什么样的？"在牛乳中洗过"和"笼着轻纱的梦"又是怎样一幅景象。然后看录像，有感情地朗读这些句子，体会本文的语言特色。

看月色 {
月光：泻　青雾　浮
叶花：似牛乳中洗过　像笼着青纱的梦
树影：参差斑驳　峭楞楞如鬼　倩影画在荷叶上
光影：和谐的旋律　如奏着的名曲
}

（通感将视觉形象转化为听觉）

（3）精读"望四面"一段后回答：作者写了哪些景物来描写荷塘周围的环境？（树、山、灯光、蝉声和蛙声）课文是怎样描写树、山、灯光、蝉声和蛙声的？描写出一个怎样的环境？（寂静）为什么还要写蝉声和蛙声？（承上启下）

$$
\text{望四面}
\begin{cases}
\text{树：围住荷塘\quad 阴阴似一团烟雾}\\
\text{山：隐隐约约}\\
\text{灯光：没精打采\quad 渴睡人的眼}\\
\text{蝉声和蛙声：最热闹}
\end{cases}
$$

3. 略读"想采莲"部分课文后回答：作者由蝉声和蛙声的热闹想到了什么？课文怎么写的？（先简述，后引用《采莲赋》《西洲曲》说明古代江南采莲的热闹）看注释读一读《采莲赋》《西洲曲》，然后用自己的话说一说古代江南采莲的热闹和风流的情形。

（通过学习形成下面的结构图）

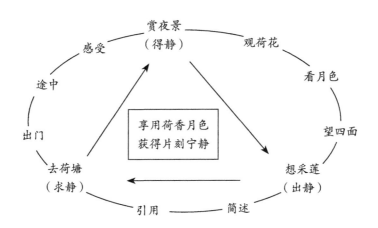

四、总结升华，掌握全文结构

1. 研读，从课文的内容和所表达的思想情感谈一谈本文的结构特点。找出最能表达作者情感基调的语句，然后联系景物描写，说一说作者情感的发展变化并谈一谈写景与抒情的关系。（结构是圆形的。外结构依空间顺序，从出门经小径到荷塘再归来；内结构从求静、得静到出静，按作者的情感变化组织。情景交融，颇不宁静，什么都可以想，什么都可以不想，便觉是个自由的人，热闹是他们的，我什么也没有，这令我到底惦着江南了）

2. 情读，体会本文语言特点。①精心选用动词和叠词。朗读，比较下面句子的用词。薄薄的青雾浮（飘）起在荷塘里；（黑影和倩影）像是画（落）在荷叶上；月光静静地泻（照）在这一片叶子和花上；叶子与花也有一丝（点）的颤动；悄悄地披了大衫，带上门出去；路上阴森森的；月光也还是淡淡的；田田的叶子；一粒粒的明珠；远远近近，高高低低都是树。②景物描绘运用通感。微风过处，送来缕缕清香，仿佛远处高楼上渺茫的歌声似的；光与影有着和谐的旋律，如梵阿玲上奏着的名曲。③巧妙运用比喻、拟人。叶子出水很高，像亭亭的舞女的裙；月光如流水一般，静静地泻在这一片叶子和花上。叶子和花仿佛在牛乳中洗过一样，又像笼着轻纱的梦；层层的叶子中间，零星地点缀着些白花，有袅娜地开着的，有羞涩地打着朵儿的。

3. 以本课为例小结写景散文的特点和一般学习程序。

特点：写景散文抓住景物特征，主要运用描写的表达方式，以描写景物的形态为主，用形象的渗透情感的语言，通过正面和侧面描写、动态和静态描写，寓情于景来表达作者的思想感情。

学习程序：

（1）整体感知，分析全文结构。略读，粗知写什么景，感知抒什么情，明确按什么顺序写影（线索）和怎样安排材料（结构）。

（2）具体理解，充实结构内容。精读，以情为中心，以结构为依托，明确各段选取什么景物，运用什么方法，怎样围绕景物特点写景；情读，揣摩、体会、理解语言运用的特点。

（3）总结升华，掌握全文结构。研读，抓住联系，概括内容，升华中心，明确本文特色，总结学习方法；情读，应用语言，表达情感，创造意境，体现中心。

第五节 小 说

　　小说是通过人物、情节和环境的具体描写来反映现实生活的一种文学体裁。小说阅读教学是高中语文教学的重要组成部分。

　　《普通高中语文课程标准（2017年版）》中明确指出："欣赏文学作品，能有自己的情感体验，初步领悟作品的内涵，从中获得对自然、社会、人生的有益启示。"小说阅读是中学生语文学习不可缺少的一环，对于学生来说学会怎么阅读小说非常重要。因此，在中学语文教材中，小说篇目很多，对小说阅读教学提出了更高的要求。

　　当前，一方面承认小说阅读教学的价值，另一方面，囿于课时与高考的压力，无法有效落实小说整本阅读的教学目标。现从把握小说题目、情节、人物、环境、开篇、结尾及人称入手，力求解决小说阅读教学中存在的基本问题，提供高中小说阅读鉴赏的策略，给出一些小说阅读鉴赏的指导。

一、小说题目

　　小说题目通常有双重甚至多重含义，小说阅读时，应结合全文的内容、主旨，并结合所使用的修辞等来分析含义，注意把握表面意义与真实意义、指代意义与比喻意义、一语双关以及双层甚至多重含义。小说题目一般有如下命题方式：以主要人物形象命题（使人物形象更加鲜明），如《孔乙己》《我的叔叔于勒》；以事件命题（概括小说主要事件命题），如《智取生辰纲》；以故事发生的环境命题，点明时间地点，创设故事背景，渲染环境氛围，如《边城》《故乡》；以小说线索命题，贯穿全文，起线索作用，如《项链》《药》（情节、结构）；以作品主题命题，揭示小说主旨，深化主题，如《洗澡》《子夜》《红与黑》《孤独之旅》；以小说主要情节命题，展开情节，前后呼应，使情节完整紧凑，如《林黛玉进贾府》《林教头风雪山神庙》《范进中举》《董师傅游湖》《黛玉葬花》；以对比讽刺命题，对比讽刺，强化效果，如《变色龙》；以情感基调命题，奠定文章的感情基调，如《伤逝》；以悬念命题，吸引读者，引发阅读的冲动，如《丧钟为谁而鸣》（海明威）具有象征意义，如《药》；寄托作者情感，如《爸爸的花儿落了》。

题目的作用具体表现为：线索作用；紧扣情节；突出主人公形象（品质、特点等）；紧扣（揭示）主题；制造悬念，吸引读者（激发读者兴趣）；象征意义、寓意。在阅读理解时，可以具体分为：①如果以时间、地点、环境为题，题目可能具有点明时间地点、创设故事背景、渲染环境氛围的作用。例如《边城》，点明了地点是边陲小镇，全文叙述了边城发生的故事，交代了故事背景，同时也渲染了简单和谐的环境氛围。②如果以物件（物象）为题，则题目可能具有作为结构线索贯穿全文、概括故事情节、寄托作者情感、揭示文章主题、隐含比喻象征意义的作用。例如《药》，"药"作为线索贯穿全文具有强烈的象征意义，全文围绕"药"展开叙述，概括了以人血馒头为药引子的故事情节，表达出作者对人们愚昧的批判。③如果以形象特征为题，则题目可能具有铺开情节、呼应细节，对比讽刺、强化效果的作用。例如《变色龙》，文中细节设计巧妙，对比讽刺效果也呼应了题目。

二、小说情节

情节是人物性格的发展史，情节是否合理是小说能否成立的关键。小说的情节基本上分为故事的开端、发展、高潮、结局四个阶段。例如《鲁提辖拳打镇关西》的情节：（故事的开端）潘家酒楼吃酒—（故事的发展）护送金家父女—（故事的高潮）鲁提辖拳打镇关西—（故事的结局）南门外逃走。掌握小说故事情节发展的阶段，对整体把握小说有重要意义。

概括情节内容，一是抓住要点：人物、时间、地点、环境、事件，二是寻找线索：反复出现的事物、人物、感情、标题、事件，三是理清小说的结构（开端—发展—高潮—结局）。

设置情节时要思考情节与环境的关系：突出（烘托、交代）人物活动的环境，使环境更具典型性。情节与人物的关系：塑造了……的人物形象，表现了人物……的性格或精神，刻画了人物……的心理。情节与主题的关系：揭示（表达、寄托、暗示）了……主题，深化（升华、突出）主题。小说的情节要紧扣主题，在设计小说情节时要注意揭示主题，让读者明确小说主题。情节与其他情节的关系：埋下伏笔，设置悬念，铺垫照应，推动情节发展，对比衬托，承上启下等。小说的特点在于环环相扣，情节与情节之间要相互联系，相互呼应。情节与读者的关系：设置悬念以引起读者注意，引起读者的阅读兴趣，引发读者思考等。情节是最吸引读者的地方，因此，在设置情节时，要以引起读者阅读兴趣为目的。

三、小说人物

人物是小说的中心，把握小说的主题，必须从感受小说的人物形象着手：一是从肖像描写来分析人物形象。小说描写人物的肖像主要是用它显示人物的性格。例如，《祝福》通过描写祥林嫂三个不同时期的肖像，不仅深刻地展示了祥林嫂命运多舛的一生，体现了农村妇女受尽地主奴役剥削和封建礼教摧残迫害的惨象，还暗示了祥林嫂悲剧命运的社会根源。二是从动作描写分析人物形象。动作是判断一个人性格的主要标志，包括人的举手投足和跑跳坐卧等。例如，《荷花淀》中，水生嫂听到丈夫报名参军时，"女人的手指震动了一下，想是叫苇眉子划破了手。她把一个手指放在嘴里吮了一下"。手指的"震动"，是由内心震动引起的；"吮了一下"，是为了掩饰心情，不让丈夫察觉。"手指震动"和"吮手指"确实真实生动地展现了水生嫂的内心变化。三是从语言描写来分析人物形象。语言描写能表现人物的年龄、职业、身份、爱好、思想感情等。例如，《故乡》中"我"和杨二嫂的谈话就形象地揭示了杨二嫂"刻薄、自私、鄙俗"的小市民性格特征，透视了她被剥削阶级意识和恶习浸染的丑恶灵魂。相比之下，"我"的神态则是"愕然、惶恐、嗫嚅"，直至闭了口，默然无言以对。不难看出，人物都是通过自己的语言来表现自己的性格特征的。

分析人物描写方法及作用举足轻重。首先考虑的是塑造人物的手法：正面描写、直接描写、肖像描写、语言描写、行动描写、心理描写等。侧面描写、间接描写：通过其他人物的言行，间接写主人公。环境描写衬托或烘托主人公。其次思考描写手法的作用：交代人物的身份地位；展现人物的心理；展现人物精神品质、性格特征，使形象更丰满；推动情节发展。注意，形象是外在的感知，性格是内在的精神品质。人物性格、形象、品质的常用词语可以归为如下几类：

（一）性格

正面类：善解人意、富有爱心、温柔沉静、心灵手巧、通情达理、纯真质朴、聪明伶俐、天真可爱、顽皮淘气、富有活力、朝气蓬勃、懂事能干、有主见、有骨气、人穷志不短、自尊自爱、倔强、沉稳果断、开朗自信、真诚善良、友好谦恭、宽容忍让、勤劳朴实、节俭、慈爱宽厚、和蔼可亲、平易近人、彬彬有礼、不拘小节、睿智大气、聪慧通达、幽默风趣、善于变通、隐忍内敛、个性张扬、心直口快、耿直偏激、严厉苛刻、严慈相济、向往自由、追求平等、热爱生活、热爱自然、珍爱自己、乐于挑战、永不服输、富有智慧、精明强干、大智若愚、足智多谋、沉着冷静、从容镇定、勇敢、目光敏锐、狂放不羁、特立独行。

反面类：胆小怯懦、逆来顺受、妥协退让、敏感自闭、故步自封、妄自菲薄、固执、吝啬、冷漠自私、粗鲁莽撞、粗俗不雅、饶舌多事、骄横火爆、横行霸道、狂妄自大、目中无人、孤傲自负、刚愎自用、奸诈多疑、老气横秋、消极悲观、自卑、圆滑世故、尖酸刻薄、利欲熏心、唯利是图、争强好胜、孤芳自赏。

（二）拼搏

正面类：顽强拼搏、自强不息、不怕困难、坚强不屈、知难而进、积极乐观、身残志坚、自食其力、自立自强、坚持不懈、锲而不舍、矢志不渝、勤勉刻苦、不畏艰辛、吃苦耐劳。

反面类：贪图享乐、自暴自弃、拈轻怕重。

（三）奉献

正面类：无私奉献、自我牺牲、任劳任怨、默默无闻、不事张扬、默默奉献、毫无所求、兢兢业业、勤勤恳恳、废寝忘食、爱子情深、舐犊情深。

反面类：斤斤计较、自私自利。

（四）职责

正面类：恪尽职守、尽职尽责、爱岗敬业、治学严谨、教学有方、诲人不倦、以校为家、爱厂如家、关心下属、秉公执法、不徇私情、勇于探索、锐意进取、敢于创新、技术精湛、才华横溢、博学善谈、以身殉职、奉公守法、铁面无私、赏罚分明、妙手回春、文武双全、智勇双全、博古通今、见多识广、明察秋毫、严以律己、临危不惧。

反面类：以权谋私、徇私枉法、畏首畏尾、墨守成规、贪生怕死。

（五）品质

正面类：洁身自好、淡泊名利、安贫乐道、仁义守信、乐善好施、虚怀若谷、胸有大志、志存高远、心胸宽广、宽宏大量、豁达大度、坦荡无私、德艺双馨、诚实守信、有责任心、孝顺、清正廉洁、知恩图报、宠辱不惊、有修养、礼贤下士、宠辱不惊、言而有信、表里如一、言行一致、德才兼备、不耻下问、与世无争、不慕权贵、自知之明、知错就改。

反面类：爱慕虚荣、追名逐利、小肚鸡肠、投机取巧。

（六）大爱

正面类：热爱集体、爱国、没有民族偏见、居安思危、忍辱负重、关注民生、忧国忧民、精忠报国、壮志凌云、民族气节、舍生取义、浩然正气、无私无畏、勇于担当、深明大义、见识高远、顾大体识大局、有领导组织才干、尊重弱者、关爱他人、乐于助人、舍生取义、忠心耿耿、公而忘私、大义灭亲、疾恶如仇、扶危济困、刚正不阿、远见卓识。

反面类：狭隘的爱国主义、有民族偏见。

塑造人物形象时，正面人物与反面人物形成鲜明的对比，能够给读者留下深刻印象。小说的人物是小说的灵魂，小说的主题也是反映在小说人物身上的。

集腋成裘，平时多积累一些常见词语，可以避免"书到用时方恨少"的尴尬。

四、小说环境

环境与人物的关系是密不可分的，没有典型环境就没有典型人物，典型环境塑造典型人物，而同时，典型人物又反映了典型环境。小说环境可以具体分为以下几种。

豪放型：雄浑开阔、雄奇瑰丽、恢宏高远、浩瀚辽阔、博大新奇、深邃奇崛、高旷壮阔、雄浑苍茫、辽阔深远。

清幽型：优美迷人、清新明丽、清净幽远、宁静恬淡、安谧美好、清净悠闲、淡雅闲适、奇伟诡谲、含蓄深幽、空灵高远。

伤感型：空蒙迷茫、冷落萧疏、孤寂冷清、迷离恍惚、冷森幽僻、凄清冷落、萧疏凄寂、肃杀凄凉。

悲苦型：苍凉悲壮、冷森幽僻、凄清凄寂、朦胧邈远。

欢快型：淳朴自然、生机勃勃、明净绚丽、清新明快、恬淡闲适。

其作用表现为：

（1）从环境本身思考：①交代故事发生的时间、地点；②展现地域风光；③暗示社会环境；④渲染（营造）气氛，奠定基调。这是小说中环境描写中的大环境指定，从大环境入手，奠定小说的基调。

（2）从情节角度思考：①推动情节发展，或暗示情节；②为下文内容作铺垫，埋下伏笔；③与某内容呼应；④作为情节的线索。这些在中学阶段的小说阅读中有深刻体现，环境的描写是为下文做铺垫，以引出后面的情节。

（3）从人物角度思考：①介绍人物身份、地位；②揭示人物心境，烘托、衬托人物性格；③暗示人物命运。"如芝兰之室，久而不闻其香"，人物与环境密不可分，环境的描写对人物的刻画极为重要。

（4）从主题角度思考：揭示、暗示、深化或升华主旨。小说的主题可以从多方面揭示，环境描写就是其中一个方面，作用是从侧面点出主旨。

五、小说开篇

开篇有以下这些方法：

（1）设疑法（悬念法）：开头提出疑问，然后在行文过程中或结尾才回答疑问。这种以设置悬念开头的方式更能吸引读者阅读，结尾处答疑也与开头形成呼应。

（2）写景法：渲染环境氛围，交代主人公活动背景，烘托人物性格，暗示小说主人公的命运。开头写景，为全文奠定感情基调，给读者以明了的情感线索。

（3）倒叙式（把结局放到开头来写）：起到制造悬念的作用。倒叙式的开篇同样是以设置悬念开头，这种方式较正叙而言更为新颖。

这些开篇方法具有如下作用：

（1）开篇点题，作用是总括全文，点明主旨，或者表达与主旨相关的某种感情。

（2）开篇未点题，作用是引出下文，或与下文形成对照，或为下文做铺垫。

（3）开篇景物描写，作用是结构上起铺垫作用；景物描写上勾勒环境，提供背景，或渲染气氛。

（4）开篇连续发问，兼有引人入胜或发人深思的作用。

（5）开篇连续感叹，兼有强烈的抒情作用。

六、小说结尾

小说的结尾大体上分为以下几种：

（1）出人意料的结局（如《项链》）。①从结构上看，它使平淡的故事情节陡然生出波澜，如石破天惊，猛烈撞击读者的心灵，产生震撼人心的力量；②从表现手法上看，与前文的伏笔相照应，使人觉得又在情理之中；③从主题上看，能更好地深化主题。这种结局也称为莫泊桑小说结尾，出人意料的结局能够打破读者的固有思维。

（2）令人伤感的悲剧结局（如《药》《杜十娘》）。①从表现人物性格方面看，能更好地塑造人物性格；②这种结局令人感动，令人回味，引人思考；③从主题上看，能更好地深化主题。

（3）令人喜悦的大团圆结局。这种小说结尾特点及作用：①从表达效果看，小说喜剧结局给读者留下广阔的想象空间，耐人寻味；②从情感体验看，喜剧的结尾与主人公、作者的意愿构成和谐的一体，给人以欣慰、愉悦之感；③从主题上看，这样的结局凸显人性的真善美，超越战胜了假恶丑，反映出人类对和平美好、幸福美满生活的向往。中国文学小说多为大团圆结局，这更符合中国人的价值观念，符合中国人战胜困难、追求光明美好幸福生活的意愿。

（4）戛然而止结局。这种结局留下了"空白"（广阔的想象空间）给读者，为读者进行艺术再创作留下了空间。戛然而止的结局丰富了读者的想象力，任其发挥联想，为文学创作提供了更多可能性。

七、小说人称

三种人称的作用如下：第一人称，便于直接抒情，自由表达思想感情；有亲切感；可以把文中的人物、事件写得好像是"我"的亲身经历，增强文章的真实感；便于直接表达"我"内心的喜怒哀乐，亲切自然。鲁迅的小说多以第一人称叙述，如《少年闰土》《故乡》，在这两篇文章中，鲁迅都是以第一人称写的，给读者以真实的感受，仿佛鲁迅和闰土就是真正的朋友，与闰土之间发生的事也是真实存在的。

第二人称，拉近与读者或作品中形象的距离，便于作者与之直接对话和沟通交流；便于作者的感情抒发；在所写对象为物时，起到拟人化的修辞效果。

第三人称，直接表现生活，不受时空限制，灵活自如。作者以旁观者的身份向读者作客观的叙述，便于反映更广阔的画面和更丰富的内容。例如《孔乙己》这篇文章，作者从旁观者的角度向读者展开叙述，以更客观的方式描写了孔乙己的一生。

小说是一种叙事性的文学样式，它以塑造人物形象为中心，通过故事情节和环境的描写，形象而广泛地反映现实生活。学生应走进文本，调动自己的生活经验，来解读文本，读出个性。

"一千个读者就有一千个哈姆雷特。"

第六节 写出人物个性

在学生作文中，篇幅短小、构思新颖、立意深远的小小说成为发挥其才华的形式，也被读者、老师青睐。自然，作为小小说中的人物，就必须个性鲜明了。

为什么要写出人物的个性呢？所谓个性，是指一个人在思想、品质、行为习惯等方面不同于他人的特征。人物的个性是由不同的社会背景、人际环境、人生经历、学识、年龄等诸多因素决定的，而且个性有一个产生、变化、发展到定性的过程。写出了人物的个性，才能表现出这一人物与其他人物的区别；表现了人物的个性，也就是表现了这个人物在社会上存在的价值；写出了人物的个性，也才体现了写作的价值。在平时，可以从以下几方面进行练习。

（一）写好肖像，以形传神

肖像描写是指描写人物的外形，包括容貌、体态、表情、服饰等。写肖像，可以抓住性别、年龄、职业、身份、经历来表现人物的特征。例如，"凸颧骨，薄嘴唇""两手搭在髀间，没有系裙，张着两脚，正像一个画图仪器里细脚伶仃的圆规"（《故乡》中尖酸刻薄的杨二嫂）。又如"两弯似蹙非蹙罥烟眉，一双似喜非喜含情目。态生两靥之愁，娇袭一身之病。泪光点点，娇喘微微。娴静时如娇气花照水，行动处似弱柳扶风。心较比干多一窍，病如西子胜三分"（《红楼梦》中聪慧灵秀、体弱多病的林黛玉）。又如"他留着浓黑的胡须，目光深沉，满头是倔强得一簇簇直竖起来的头发，仿佛处处在告白他对现实社会的不调和"（《琐忆》中鲁迅倔强的性格，不屈的精神）。

写肖像，要学会刻画眼睛，"要极俭省地画出一个人的特点，最好是画出他的眼睛——鲁迅"。比如孩子的眼睛可以是"明澄得像水晶一样"，而老人的眼睛则应当留下生活刻下的印记，或是饱经沧桑，或是沉静平和慈祥，或是睿智深邃。例如，《药》中描写康大叔的眼光——"一个浑身黑色的人，站在老栓面前，眼光正像两把刀，刺得老栓缩小了一半"，活画出一个贪婪凶狠、杀人不眨眼的刽子手形象。又如，"终于那王小玉半低着头出来了，却并不就开口唱，只把梨花简丁当了几声，又将鼓槌子轻轻点了两下，再抬起头向台下一盼——那双眼睛，如秋水，如寒星，如宝珠，如白水银里头养着两面三刀丸黑水银，左右一顾一看，连那坐在远远墙角里的人，都觉得王小玉看见我了；那坐得近的，更不必说。就这一眼，满园子里便鸦雀无声……"（刘鹗《老残游记》）——王小玉用眼神调动观众的情绪，作者用博喻将她的眼睛渲染得勾魂摄魄。又如，林黛玉进贾府描写王熙凤："一双丹凤三角眼，两弯柳叶吊梢眉，身量苗条，体格风骚，粉面含春威不露，丹唇未启笑先闻……"入木三分地刻画出王熙凤的刁钻、狠毒、泼辣。

（二）写好语言，倾诉心声

言为心声，要表现人物的内心世界，就要注意写好人物的语言。老舍说"对话就是人物的性格等的自我介绍"。例如，《装在套子里的人》中用"千万别闹出什么乱子"的口头禅来描写别里科夫的"套子"论调；《孔乙己》中描写孔乙己，"他对人说话，总是满口之乎者也教人半懂不懂的，……他摇头说：'不多不多！多乎哉？不多也'"，可以看出孔乙己的穷酸与迂腐；《阿Q正传》写"精神胜利法"，"这世界真不成话，儿子打老子"一句活脱脱地"说"出了一个自欺欺人的精神胜利者；《守财奴》中那个吝啬鬼葛朗台经常说"人生就是一场交易"，是万事万物都是交易的贪财如命的守财奴的心声；"天下真有这样标致的人物，我今儿才算见了！况且这通身的气派，竟不像老祖宗的外孙女，竟是个嫡亲的孙女，怨不得老祖宗天天口头心头一时不忘"，王熙凤见林黛玉一节，这一段话非常精彩，可谓一箭三雕，既奉承了林黛玉，又恭维了三春，最终得到老祖宗的欢心，伶牙俐齿地逢迎；《荷花淀》夫妻话别中，丈夫水生很晚才回家，水生嫂抬抬头笑着问："今天怎么回来得这么晚？"机敏的疑虑、诚挚的关心、轻轻地责备……那是多么复杂的感情，当她看出丈夫"不像平常"时，便追问"怎么了，你？"水生嫂的细心，对丈夫的亲昵之态和体贴入微之情，尽在主谓倒装的问句中流露出来。

（三）写好心理，表达心声

人物思想性格的塑造离不开内心世界的描写。可以直接写人物的内心活动，写人物怎么想、怎么感觉，也可以间接地借助人物的外部表现，如语言、动作、肖像来反映人物的内心世界。一般用第一人称写文章，较多直接进行心理描写，但要注意不能只说一些浮泛的空话，诸如"我感到很高兴、我感到很懊悔、我感到很暖和"之类，要把内心深处的感情倾诉出来。例如鲁迅的《一件小事》，当"我"看到车夫扶老女人向巡警分驻所走去时，有这样一段心理描写："我这时突然感到一种异样的感觉，觉得他满身灰尘的后影，霎时高大了，而且愈走愈大，须仰视才见。"按正常的视觉应是越远越小，而在"我"的感觉里，却刚好相反，是"愈走愈大"，这就写出了"我"的内心震撼，自惭形秽。又如《项链》中，"她没有漂亮服装，没有珠宝，什么也没有。然而她偏偏只喜爱这些，她觉得自己生在世上就是为了这些。她一向就向往着得人欢心，被人艳羡，具有诱惑力而被人追求"，主人公爱慕虚荣的形象跃然纸上。

（四）写好细节，充实升华

大家特别要注意那些看起来好像不影响叙事的细节，正是这些细节使得文章生动自然并且有深度，内容也会很充实。而很多人写事写人的文章最大的缺点就是把文章写得像流水账一样，"今天我起床晚了一点，把单车骑得飞快去上学，突然'砰'的一声胎爆了，只好去补胎，迟到了，被老师罚跑了两圈，今天真倒霉！"根本没有什么细节，甚至连最基本的详略都没有。而《荷花淀》中，水生嫂听到丈夫报名参军后，有一个细节写道："女人的下。"从"震动"和"吮"这两个词可以读出：丈夫就要到大部队上去，这的确出乎水生嫂的意料，她心里受到震动，手指不由自主地震动了一下。我们还读出：此时水生嫂心里的感情是复杂的，几年的恩爱夫妻，家中生产、生活两副重担，上前线前途莫测……但水生嫂毕竟是一个识大体、明大义的人，她很快地把一个手指放在嘴里"吮"了一下，用这个动作迅速平定了自己的情绪，她不能让丈夫看出自己有软弱的表现，并作出了支持丈夫参军的决定，显示了她坚强的性格。《装在套子里的人》一文从穿着、用具、出行、住处等方面刻画出一个可憎可恶、可悲可怜的人物形象，令人捧腹，使人注目：穿着——晴朗的日子，穿雨鞋，棉大衣，把脸蒙在竖起的衣领里，穿羊毛衫，戴黑眼镜，用棉花堵住耳朵眼；用具——晴天带雨伞，把伞装在套子里，把表放在灰色鹿皮套子里，削铅笔的小刀也装在套子里；出行——坐上马车，便叫支起车篷；住处——卧室挺小，活像一只箱子，床上挂着帐子，他一上床，就拉过被子与外界隔离起来。

（五）写好动作，扣住细节，形神兼备

例如，《林教头风雪山神庙》：林冲在草料场的一系列行动——要去沽酒来吃，离开草料场时，"将火炭盖了……把两扇草场门反拽上锁了"。草厅被雪压倒后，林冲"恐怕火盆内有火炭延烧起来"，便"探半身入去摸时，火盆内火种都被雪水浸灭了"，这才"把门拽上，锁了"，到山神庙里去安身——既表现了林冲安分守己、办事谨慎的性格，又说明草料场起火并非林冲疏忽所致，自然揭示出陆谦等人借刀杀人的阴谋。

（六）写好环境，以景写人

人物的言谈举止、神情心态只有在特定的环境中才具有表现个性的意义。大家可以看看，鲁迅在小说《药》中的环境描写："这一年的清明，分外寒冷；杨柳才吐出半粒米大的新芽。天明未久，华大妈已在右边的一座新坟前面，排出四碟菜，一碗饭，哭了一场。化过纸，呆呆地坐在地上，仿佛等候什么似的，但自己也说不出等候什么。微风起来，吹动她短发，确乎比去年白多了。"这一个片段所描写的环境，清明时节，分外寒冷，显得异常

第二章

语文建设

悲凉。这一气氛与人物的行动、外貌契合，写出了人物内心的悲苦。我们写人物的时候，也要注意运用环境，可以用环境与人物的行动、肖像互相烘托，如写一个热闹的聚会上和朋友兴高采烈的言行及笑脸；同样，也可以用环境与人物的行动、肖像进行对比烘托，同样是写一个热闹的聚会，也可以写发现为聚会不停忙碌的母亲白发又多了几根。

（七）正面描写与侧面描写相结合

写人物可以直接写他的言行举止，有时直接写人物表达不出他的精神，也可以采用侧面描写的方法。譬如《荷花淀》一开篇的优美描写，最终聚焦在"她像坐在一片洁白的雪地上，也像坐在一片洁白的云彩上"，俨然一座圣洁的乡村女性雕像，以突出其人性美。清朝人刘熙载说"山之精神写不出，以烟霞写之；春之精神写不出，以草树写之"，说的就是这个道理。汉乐府《陌上桑》描写采桑女罗敷，"行者见罗敷，下担捋髭须。少年见罗敷，脱帽著帩头。耕者忘其犁，锄者忘其锄。来归相怨怒，但坐观罗敷"。通过描写行者、少年等人见到罗敷的神态与动作，有力地表现了罗敷的貌美惊人，成语"沉鱼落雁，闭月羞花"用的也是这个道理。

第七节　引议联结

　　议论文是与议论性散文、杂文、随笔、评论等文体相对而言的，是对某个问题或某件事进行分析、评论，表明自己的观点、立场、态度、看法和主张的一种文体。

　　高中学生在写作文时常常写的是议论文，但写出的文章议论文不像议论文，非驴非马，不伦不类，四不像，且开头导入太平凡，难以吸引读者的眼球；举事例往往堆砌材料而忽视分析；举例论证之后往往草草收兵，这样就难以提升论题的价值。具体表现为：①结构不合理。开头不提出论点，中间只有几个论据而不分析，更没有分论点；甚至在列举论据时，还出现了大量的语言描写和心理描写。②思路不合逻辑，率意而为。③议论文论点和议论文论据之间缺乏必要的联系，即有述无论，有据无析。

　　议论文最常见的结构模式有并列式、对照式、层进式、启感式四种。其中启感式是中学生作文最常用的结构方式。"启"是指启示类，"感"是指感想类。其共同特点是先叙材料，后发感想，也可以边叙边想，一般由"引""议""联""结"四部分构成。

　　"引"，即围绕话题，引出论点；"议"，发表议论，就是举事例，对事例进行分析，阐述论点包含的基本道理；"联"，就是联系社会实际加以说明；"结"，就是打造一个好的结尾，结束话题。

　　"引"，引人入胜，即引论。围绕观点，提出论题，概括起来就是引述材料。一般写在第一自然段，要求从材料中引出恰当的中心论点。"引"要简练、准确，有针对性。引用材料：引用不是照抄，而是对原材料进行分析后，或概述，或摘要，取其精要，并据此提出自己的观点。通常可采用开门见山、联系实际、叙述感受、述读材料、引用名言警句等方式提出论题或论点。字数要少，概括力要强，一般不超过100字。

"议"，即本论，分析问题。一般采用几个分论点的形式，即分析材料，提炼观点，展开议论。分析问题的原因，由浅入深地找到根源，把复杂的问题分类并有机组合，把一般性的问题归纳为规律性的问题。每个分论点，语言要凝练、简洁，一般10个字左右，且独立成段，力求醒目，结构清晰，思路清楚。分论点要倾情打造，要生动，有意蕴，字数尽量相等，结构基本一致，内容彼此相关。针对前面提出的观点，利用材料中提供的信息进行分析议论，使观点确立起来，要能扣住话题，扣住题目，扣住中心论点，否则，就有偏题之嫌。也可以由现象到本质，由个别到一般作一番挖掘，对寓意深的材料更要作一番分析，然后水到渠成地"亮"出自己的观点。通过分析议论，挖掘材料内涵，强调论题或论点。这一部分可以弥补引出论点时因为过于概括而造成内容上的突兀、断层等不足。

"议"是文章"猪肚"部分，要材料丰富，内容充实，有说服力。要采用摆事实和讲道理相结合的方法议论，恰当地使用古今中外的名人名家事例做论据。论据要准确、典型、丰富。准确，就是所举事实要真实，不杜撰，不张冠李戴，能用来充分证明其分论点或中心论点。

"联"，是文章的关键，由材料推开去，联系广阔的社会生活，联系时事，纵横拓展，联系实际，提出对策。要紧密联系实际，既可以由此及彼地联系现实生活中类似的现象，也可以由古及今联系现实生活中相反的种种问题；既可以从大处着眼，也可以从小处入手。当然在联系实际分析论证时，还要注意时时回扣或呼应"引"部，使"联"与"引""藕"断而"丝"连。或历史或现实，或集体，或个人，反反正正，多角度、多侧面地把中心论点阐述得深刻有力。可以联想类似的道理（从道理上论证），也可以联想相关的社会生活现象（从事实上论证），还可指出论点在现实生活中的指导意义。这部分是作文的重点，既要放开思路，又要概括力强；既要重点突出，又要正反结合。

"结"，收尾，就是做结论，画龙点睛，升华观点，通常要紧扣材料照应开头。解决问题，总结全文，宜对论述的问题有所深化或拓展，或以抒情句式发出鼓励和号召。一般情况下，应该把话题归结到与自己有关的人生经验和情感触发上，要符合高考作文关注社会、关注人生的思想倾向，不要故作惊人之语，强调精练有力，反对尾大不掉。

当然，具体作文时，要灵活运用，完全可以采取"联""引""议""结"或"引""联""议""结"的结构。

古人云："凤头、猪肚、貂尾。""凤头"是说开头要好看，在议论中就是"引"的部分；"猪肚"是说中间要内容充实，在此就是指"议""联"两部分；"貂尾"是指"结"的部分，是说结尾要简洁明了有力，归纳中心，一气呵成，总体概括全文，切忌拖沓。

第三章

英语建设

第一节　词汇教学

高中阶段学生已具备一定的英语词汇基础，因而教师在实际教学过程中，要尽可能调动学生的主动性，使其自主探究词汇规律，掌握英语词汇学习方法，真正践行以核心素养为导向的现代教学理念。

一、创设语言教学情境，通过联想记忆词汇

语言情境是提高学生对英语感知能力的重要条件。在基于学生核心素养培养的教学实践中，教师可以按照主题将一些词汇串联起来，并通过多媒体等教学设备，为学生展示相关的图像或视频，以此帮助学生形象理解，通过画面来加强记忆，从而大大提高词汇课教学效率。

例如，在学习《Earthquakes》这一课时，shake、burst、injure、rescue 都是教学的重点词汇。针对这几个单词，教师可以通过多媒体为学生播放一段电影《唐山大地震》的相关片段，以此来创设情境，并借助视频内容帮助学生理解这些单词。例如，视频中地震发生的时候，房屋开始摇晃、振动，教师可以将该画面暂停，展示shake这一单词，让学生通过情境去理解。又如，救援队在清理地震现场时，画面上出现了受伤的人，而医护人员正在对他们实施抢救，通过该情境去理解injure、rescue这两个单词。另外，教师还可以截取视频中出现的某一画面，并让学生运用shake 这一单词来造句，表达出与地震相关的场面，如 "When the low war came, all the buildings began to shake." "The rescue team made countless rescues during the earthquake."

在情境的启发下，学生通过画面去理解并记忆词汇，语言学习兴趣明显增强。教师将这些词汇整理到一个场景当中，让学生通过记忆视频内容去联想记忆这些英语单词，可极大地提高词汇教学的效率，并促进学生词汇记忆能力的提升。

二、基于词汇设置问题，培养学生语言思维

良好的学科思维品质是核心素养的重要组成部分，对学生学科能力的提升与发展也发挥着重要作用。在词汇教学课上，单一的词汇讲解容易出现"纸上谈兵"的问题，降低学生对知识应用的敏感度。基于此，教师要围绕词汇合理设置问题，从词意、词性与固定搭配这些方面合理展开，让学生在解题过程中对每个单词产生更深刻的理解，促进其思维品质的发展。

例如，在教学《Life in the Future》这一课时，教师可以先通过多媒体为学生播放一些以未来为主题的科幻电影片段，并对人物台词中涉及本节课的重要词汇进行标注。待学生观看结束后，将这些人物台词重新展示给学生，并在重点词汇的地方设置空白，让学生去回忆视频内容中的人物对话，找出相应的单词填入其中。另外，丰富词汇题的考查形式，如基本的词汇默写、词义连线题，能帮助学生巩固基础知识。在此条件下，教师还可以设置一些有情境的词汇拼写和用所给单词的适当形式填空等问题，如"Ladies and gentleman, our flight is taking off in a few minutes, Please f _____ your _____（安全带）." "It was really an _____ journey and I felt rather ____（exhaust）."

教师通过让学生根据单词写含义，或者基于词意写出单词的方法，帮助学生熟练掌握这些单词的语言意义与词性变化。学生在词汇问题的引导下，理解词汇在文本中的含义与词性变化，进行积极主动的课堂思考，既提升了词汇学习效率，又能够促进思维品质的提升。

三、鼓励学生自主探究，发现英语词汇规律

陶行知先生曾经说过："与其把学生当天津鸭儿填入一些零碎知识，不

如给他们几把钥匙，使他们可以自动去开发文化的金库和宇宙之宝藏。"这句话强调了学生主动学习的重要性，对增强学生自主学习能力，从而发展学科核心素养有着十分重要的指导意义。在词汇教学中，教师可以通过组织课堂探究的方式让学生去自主学习，发现并掌握英语词汇的变化规律。

英语单词的一个突出特点就是词性改变，单词会发生相应的变化，如加前缀、后缀等。基于此，教师可以设置一些词性转化题目。例如impress这一词，做动词时的含义为"使人印象深刻"，转化为名词"印象"时，要在其后加上名词性后缀-ion，变成impression；而变为形容词时，则需要加入形容词性后缀-ive，变成impressive。又如动词adjust一词，变为名词形式时，虽然也是在其后加名词性词缀，但却与"impression"不同，其名词形式为"adjustment"。由此可以得出，词性变化过程中，动词变名词、形容词虽然有一定的规律，但并不完全相同。教师以此设置探究性问题，让学生以小组为单位，结合之前学习过的所有词汇进行系统性整理与分析。

在自主探究的过程中，学生对词汇性质的认识更加全面，通过整理大量词汇来逐步分析出词性转变的规律，这对增强其词汇素养有很大的帮助。

四、合理联系实际生活，感受词汇具体含义

实际生活背景是知识学习的重要前提。我国教育家陶行知的"生活即教育"理论也明确提出，"把生活本身当作一种教育来进行，生活中的一切事物都可以作为学习的对象，生活中的一切事物都可以教给我们知识"。在培养学生学科核心素养的理念下，教师开展词汇教学也应从生活这一角度出发，围绕学生的生活背景去设计词汇理解情境、问题以及实践活动，让学生结合生活更深刻地感受词汇含义。

例如，在教学《Body Language》这一课时，教师可以提问："在日常生活中，你和好朋友打招呼的方式是什么？你们有用特定的动作来代替语言的约定吗？"学生的回答是运用肢体动作去代替口头语言。随后，教师可以为学生展示一段生活中常见的打招呼方式，如招手、拥抱、碰拳头、击掌等，并对这些肢体动作的英语词汇一一进行标注，如"shake hands、embrace、 fist"，让学生结合自己经常做的打招呼动作去理解这些代表肢体语言的词汇的含义。最后，教师可以鼓励学生以生活场景为依据，在小组内进行互动表演，通过肢体动作去进行语言表达，如与国外友人沟通、给陌生人指路……学生在生活化的课堂氛围中，对词汇的感知程度明显提升，并通过生活化主题表演活动锻炼了灵活运用词汇的能力，在充分理解词汇含义的基础上促进自身英语表达水平的提升。

在英语词汇教学中培养学生核心素养是新课程标准对英语学科提出的具体要求，也是促进学生全面发展的重要举措。针对当前英语词汇教学中存在的问题，教师要认真钻研学生的发展需求，合理设计教学环节，贯彻陶行知先生的"生活即教育""教学做合一"等理论，为学生英语核心素养的形成与发展提供有力的教学保证。

第二节　阅读教学

一、阅读教学中的提问技巧

高中英语教学中的很大一部分都是阅读教学，所以很多教师一直致力于研究怎样更好地培养学生的阅读能力。虽然学生在平时也会累积词汇量，但是教师仍然会在课堂上提高学生的阅读能力。提问在英语教学中越来越重要，所以对此进行深入研究有重要意义。

（一）提问在阅读教学中的分类

1. 展示性提问

对于学生比较熟悉的文章，展示性提问可以增强师生间的交流，也会提高学生的表达能力和逻辑能力。展示性提问主要关系到文章细节问题和表层信息的理解，如 "You eat breakfast with your mother.Right or wrong？" "How old is the woman in this passage？" 等。

2. 参阅性提问

参阅性提问需要学生以理解文章基本意思为前提，然后综合分析，促使学生更加理解文章细节，理解每一段的上下承接关系，这样才能使学生更好地感受文章结构和内涵。这种提问一般能够考查学生的推理和归纳能力，其对学生展示自己创新的能力有较高要求，从而能使学生更深入地理解文章的主题。例如，在学习《The Necklace》一课时，教师可以通过为学生设计 "If Susan brought the real diamond necklace to him，what would mathilde do？""How can you finish this story if you are the writer？"这样的问题，最大限度地开发学生的想象力和分析问题的能力，通过多次练习，会有效地提高学生的思维能力。

3. 总结性提问

要求学生对文章有更深层次的思考，更加理解文章中人物性格，根据作者的想法进行总结并表达出自己观点，这类提问可以训练学生的语言表达能力，如"How do you feel ...？""What kind of characters do you like in the passage？"等。教师的提问可以激发学生的潜能，提升学生的思维水平。

（二）阅读教学提问容易犯的错误

1. 目的性不强

教师课堂上的问题可以偏向趣味性，但是不能过于简单，否则虽然可以活跃课堂氛围，却不能很好地锻炼学生的思维。因为没有设计明确的教学目的，甚至教师都不知道这些提问可以让学生学会什么。教师要让问题的目的性明显一些，帮助学生思考，提高学生思维能力。

2. 重复性很强

教师有时设计的问题是不断重复的，甚至对学生提问时，反复使用"What is your opinion？"这一句型。或许教师没有认识到这点，但这样的提问会让学生产生巨大的心理压力，从而干扰学生的思考过程。教师应该经常换问题，比如"Why do you think...？"在增加难度的同时也可以帮助学生掌握知识，促进学生思考。

3. 问题过于形式化

有的教师为了在规定时间内完成教学任务，就把提问环节变成了形式化过程，只提出问题，在学生还没有思考问题、回答问题的时候，就公布了答案。也有的教师感觉学生回答不顺畅或者回答错误就打断学生说出答案，这样不利于培养学生思考和创新的学习习惯。

4. 提问对象面向部分学生

有的英语教师会在课堂上更多地向成绩优秀的学生提问，因为他们能够顺利完整地回答问题，也能节省时间。英语教师提问时经常会针对部分学生，这主要是因为这部分学生英语成绩优秀，能够流利地回答教师的问题，而这些成绩优秀的学生在课堂上也会更活跃，对英语学习更加有信心。如果这样下去，会导致成绩不好的学生丧失对英语的兴趣，打击这部分学生的信心，使他们不去思考。所以英语老师的提问会直接影响学生对英语学习的兴趣。

（三）提高提问有效性的几个方法

1. 问题要具体而明确

教师设计问题时要明确具体，贴近学生生活，让学生更容易理解，不能过于概括。比如，"How should we protect the animals in our life？"可改为"How should we protect the fish or the birds or the frogs？"选择具体的动物会产生更好的效果，可以帮助学生明确思路，激发学生表达的欲望。如果用第一个问题提问，学生回答问题时，思路会不清晰，不知道回答重点，或者回答篇幅过长，给老师的结果也会没有重点，达不到提问时想要的效果。

学生也有可能会因为问题太笼统，不好回答而放弃思考，上课容易分心，最终影响学习英语的兴趣和信心。因此，提出的问题要照顾学生的水平，尽量在学生可回答的范围内适当提高问题难度，才能有效锻炼学生的思维。

2. 问题类型要多样化

高中生比较活跃，表达欲会强一些，教师设计问题时应该更加灵活，给学生讨论的空间，最好不要一问一答，否则会让课堂变得死板，容易使学生分心。比如"What character do you like？"可以在此基础上增加问题，如"why do you like him？"引发讨论，"Who has different opinion？and why？"后面的两个问题会打开学生的思路，帮助学生思考，也会激发学生回答问题的兴趣，通过与生活实际相贴合的讨论，提升学生对英语使用的兴趣。

所以，教师应该精心设计问题，避免没有意义的问题出现，适当提高问题难度，这样可以帮助学生提高思维能力，也可以活跃课堂气氛。比如"What kind of food do you like？"可以适当扩展，"Why do you like it? " or "why do you do not like others? " 并且同时向其他学生提问，"Who has different opinions? " 通过延伸问题，提升难度。

作为英语教师，应该深刻认识到英语阅读教学的重要性，在平时的教学工作中，不能只从自己一方的感受出发去问问题讲答案，要把自己摆在学生的位置上，以学生的理解能力和需求去讲解题目，把握好每一块内容的重点，观察学生特性的不同，针对不同的学生用不同的教学方法。平时的工作中，要注意平衡问题的难度和深度，符合学生的理解水平。要通过提出的问题来帮助学生巩固知识、练习口语、扩展思路、锻炼思维，从根本上提升学生的阅读理解能力。

二、自主学习与阅读教学

《普通高中英语课程标准（2017年版）》提出："优化学习方式，提高自主学习能力。"可见，自主学习能力的培养对高效英语课堂的实现以及学生学习潜力的发挥都起着非常重要的作用。那么，如何将自主学习应用到英语阅读教学中呢？

（一）先读后教

先读后教是指在教学过程中，教师要改变以往先教后学的模式。首先，引导学生对当天所要讲授的文本进行自主阅读，并通过字典或者结合课后生词表，弄清楚部分生词的意思。这样不仅可以锻炼学生的自主学习能力，而且有助于学生阅读效率的提高。然后，教师再对文本中的重点内容进行讲解，这样不仅可以锻炼学生的阅读能力，而且对高效阅读课堂的实现也起着非常重要的作用。

（二）创设任务教学模式

任务型教学模式是新课程改革以来英语课堂最常用的一种教学模式，具体地说就是让学生带着一定的任务进行阅读，这样不仅可以增强学生阅读的目的性，而且对发挥学生的主动性、提高阅读效率也起着非常重要的作用。

例如，在阅读一个短文的时候，让学生带着下面一些问题去阅读，如

"The story took place exactly _____." "What is the author's purpose in writing the passage？" "Which is the best possible title of the passage？"等。让学生在阅读之前，先明确问题，然后，有目的地去阅读，去分析文本，这样不仅可以避免阅读的盲目性，提高阅读质量，而且对学生阅读理解水平的提高也起着不可替代的作用。

（三）实施指导性阅读

指导性阅读的基本课堂教学步骤是：pre-reading to find questions—solving the questions by themselves analyzing the questions with teacher's help—practicing the methods of learning after class—reflecting and evaluating themselves.

这种方式的特点是改变了以往教师讲得多，学生听得多，记得多而非读得多的状况，做到了教师的讲授是为了最大限度地满足学生自主发展这一需要。学生在预读中自己发现和提出问题，然后由教师引导学生带着问题自主探究并讨论解决。教师可以有针对性地培养学生的问题意识，突出学生的主体地位，同时坚持教师主导和学生主体相结合。课堂教学中，教师可以鼓励学生通过积极尝试、自我探究、自我发现和主动实践的学习方式，把学习过程引向深入；鼓励学生课后积极运用学习策略，探究他们自己感兴趣的问题并自主解决问题，在利用各种学习资源的同时拓宽学习、运用英语的渠道，开发课程资源。

这种方式实际上是一个发现问题、分析问题、解决问题的循环反复不断升华的过程，鼓励学生把问题的探索和发现过程延续到课外的学习内容之中，形成自主探究的习惯和能力，为他们的未来发展和终身学习奠定良好的基础。

三、阅读第二课时教学

在英语阅读教学中，"课文的首要功能并不是作为知识的载体，而首先是用来阅读的，其次是提高语言输入和文化输入"（程晓堂，2007）。有的教师对于阅读教学的目的是认同的，但在实际教学中却"不由自主"地大讲特讲阅读语篇中的每一个可能成为"考点"的语言点，特别是阅读教学的第二课时，许多教师都在这一课时中采用单一的自下而上的阅读模式（the bottom-up model），即认为读者从词、句开始到文本结构逐步构建文本的意义，阅读的过程过分依赖词汇和语法知识。这样做就常常导致在阅读第二课时的课堂上出现教师拼命讲解、学生奋笔疾书的现象，其结果是一讲就懂，一做就错。长此以往，不仅不能使学生正确理解及运用语言知识，还让学生感到枯燥无味，挫伤学生的学习兴趣。因此，提高阅读第二课时教学的效率，教师应采用灵活多样的教学方式。

（一）重构文本，内容再现

阅读第二课时开始时对语篇文本的重构既是对第一课时中运用各种阅读策略所读的内容进行回顾和总结，也是对第二课时接下来要处理的重难点的一种知识激活。通常的教学往往采用教师引导，以学生为主体的复述方式，这样不仅温习了课文内容，还拓展了新的知识。在这一阶段，可以采用以下方式来开展活动：

1. 短文填空法

教师引导学生从整体上感知文章的主题和结构，保留其主要内容、关键的词和短语、优美的句型及连接语等语言点将阅读课文进行缩写，或者教师将原文设计成一篇短文，挖去其中的关键词和短语、优美的句型及连接语等，让学生看着短文进行复述，这样降低了复述课文的难度，让中下成绩的学生一进入课堂就能跟上进度，增强了学习的信心。比如，SEFS（2011）ⅡIB Unit 1《Learning English》的Reading：What Sort of Language Learner Are You? 中主要分析了四种不同的语言学习者的特点并针对其问题提出了建议。教师可以给出一篇挖去关键词和短语的缩写文章，让学生以接龙的形式一人复述一句，这样既帮助学生有效地复述了课文，也引出了下面要重点学习的语言点。

Language learners can _____ four types. An analytic learner feels _____.

He should try to speak more；not to worry about mistakes；not to be afraid to _____ himself. A relaxed learner seems not really to work hard；like to people and not interested in learning _____. If he tries to find time to learn，organize a _____ time for learning and become more _____ the mistakes that he makes regularly，he will find _____. A mixture has the strong points and _____ of both the analytic learner and the relaxed learner. By studying the _____ of them，he can overcome his weaknesses and _____ his strong points _____. The fourth type refers to the person _____ may think of the way he learns _____. The advice he can _____ is to _____ how other students learn English and to read some books that tell how to learn a foreign language.

（Keys：be divided into, it is important to be as accurate as possible all the time, depend on, communicate with, grammar rules, regular, aware of, it easier to do something about them, descriptions, weaknesses, exert, to the utmost, who, for the first time, follow, observe）

2. 线索法

针对一些有明确故事发展情节的文章，教师可选取表现文章故事发展情节的图片或视频以及贯穿于每个事件中的一些单词和短语为复述故事内容的线索，引导学生重构文本。这样借助图片或视频作为刺激手段，能从视觉和听觉方面来唤起学生对已学知识的回忆，让复述更形象生动，效果较好。以 SEFS（2011）Ⅲ B Unit 2《Parents and Children》中 Reading：A Boy and His Tree 为例，文章通过讲述一个男孩从年幼到年老的五个阶段对待苹果树的态度的变化（从陪伴苹果树玩耍到为了钱、房子和船向苹果树不断索取，直到最后年老只能依靠在树桩上休息）来影射孩子和父母的关系。这样就可以通过描述这五个故事情节的图片或线索词来引导学生回顾这个故事。

《A Boy and His Tree》教材截图

3. 表格法

通过分析教材的文章不难发现，不同体裁的文章有不同的写作线索，而且每篇文章一般暗含多条线索，常以自然段落、人物、时间、地点、戏剧场景、事件发展、人物评价或事件评价等为线索。教师应该尽可能找出课文的多条线索，选择其对应的最佳呈现形式（哪条线索适宜采用哪种结构图表），并用多媒体呈现给学生。这种设计可以使学生再次掌握更多细节信息，形成一个清晰、明了的框架；突出学生的主体性，调动学生理清文章脉络和框架的主动性和创造性。以SEFS（2011）Ⅲ B Unit 4《Perseverance and Success》中Reading：A Great Man in a Wheelchair为例，文章以时间发展为线索，讲述了伟大科学家霍金一生的事件。设计以下表格能帮助学生梳理文章脉络，加深细节印象。

梳理文章脉络表

The year	The event
1942	①
1973	②
1979	③
1663	④
1963	⑤
1974	⑥
1980	⑦
1985	⑧

（Keys：①Stephen was born in Oxford，England. ②Stephen came to the Department of Applied Mathematics and Theoretical Physics. ③Stephen held the post of Professor of Mathematics. ④Isaac Newton held the post of Professor of Mathematics. ⑤Stephen caught a disease that couldn't be cured then. ⑥He was able to feed himself，and get in and out of bed. ⑦Stephen had private nurses to take care of him. ⑧Stephen caught pneumonia and had an operation.）

（二）知识点讲授，掌握技巧

《普通高中英语课程标准》明确指出："英语课程改革的重点就是要改变英语课程过分重视语法和词汇知识的讲解与传授、忽视对学生实际语言运用能力培养的倾向。"作为中学英语教师，在日常知识点讲授中要自始至终地体现以运用为前提、以运用为目的、以运用为核心的教学理念。教师在知识点讲授上要突破传统的直接导入、枯燥的讲授、脱离语境的"填鸭式"教学，有以下两个课堂教学技巧：

1. 有效的课堂提问

教师在设计每个语言点的衔接时，可借鉴化学里的"链式反应"原理（杨芝雨，2006），在每个语言点之间精心设计过渡语，巧妙地把两个语言点串联起来，使学生在不知不觉中进入新语言点的学习。对于每一个教师所提的问题，都应该精心设计，依托知识点中的关键词提出能启迪学生思维的问题。比如，在讲SEFS（2011）Ⅰ B Unit 2中A Noble Heart（Robbie 把半夜生病的Sam送去医院的事情）时，设置以下问题过渡到新的语言点中：

T：At night，Sam was seriously ill，What did Robbie do?

S：He helped Sam take some medicine.

T：Yes! At that moment，time seems to go more slowly. So Robbie thought if only the medicine would work，Sam would become better. Do you know what the meaning of "If only" is?

S：I think it means "How I wish".

T：Good. If only means "How I wish something would happen"，please look at the text. "If only daytime would come soon，..."（Paragraph 2，last line）

然后让学生翻译句子：_____（如果我能参加晚会该多好啊！）学生仿照课文中的句子，进行翻译。

S：If only I can join in the party.

T：If we use if only to express the wish difficult to realize now，we should use past tense（Subjunctive Mood）. So please correct your sentence.

S：If only I could join in the party.

教师通过这样自然的过渡式提问，引入重点句型，改变了"就事论事""见什么教什么"的单调、枯燥的知识点讲授方式。

2. 语言点情境化

语言点情境化教学要求教师通过真实或虚拟的情境，让学生轻松地学会情境中出现的英语语言知识，提高语言运用能力（沈哲勇，2007）。这种教学模式既能提高学生的学习兴趣，摆脱呆板枯燥的翻译活动，大大提高学习效率，又能让学生在使用中轻松灵活地掌握语言知识的用法。例如，在讲解deserve sth、deserve to do、deserve doing/to be done时，可创设以下情境：

T：We know our class got good performance in the sports meeting，especially in the relay race. Yang Lei ran fastest. I think he really deserves ____ / ____ / ____ .（praise）

（三）升华阅读，实现运用

《普通高中英语课程标准》把"综合语言运用能力"放在了课程目标结构的中心位置。著名英语教科书专家亚历山大说过，交际法要求用语言做事，用语言做事就必须运用语法结构和词汇去达到交流的目的。阅读作为理解的技能，是信息的输入，说和写作为交流的技能，是信息的输出。因此，以阅读为主，将理解语言的能力转换为运用语言的能力，使阅读能力在说和写的活动中得到升华。

1. 由阅读向说转化

学习语言的目的就是交流。为此，教师在阅读课堂上要给学生创造丰富的语言实践机会，这样做不但能够提高学生的口语水平，同时也能增强阅读教学的效果。在阅读输入的基础上，教师应激励学生口头上的语言输出。例如，学完重大版SEFS（2011）ⅠB Unit 4《Unforgettable Films》后，把学生分为几个小组，让学生就Suppose you are a newspaper reporter, now you are interviewing your partner with questions：What is your unforgettable/favorite film？/ why？/ What impressed you most in the film？/ How about the characters/ music/ photography/ scenes/ acting… in the film？展开活动。这样的情境口语练习使每一位学生在积极开动脑筋，参与教学活动，调动学习热情，提高口语能力的同时，又巩固深化了阅读课文所学的知识。

2. 由阅读向写转化

学会阅读的目的之一是掌握各种表达形式，并学会写。而在写的过程中，不但熟悉了语言，又消化了语言的内在结构，对提高阅读能力也是一种帮助。教师可以根据不同的写作目的，选取教材中不同体裁和题材的阅读文章，引导学生借鉴篇章的结构布局、语言表达和话题来进行仿写练习，帮助学生有效积累词汇、短语、句型和篇章结构，提高学生的写作能力。比如，在SEFS（2011）Ⅱ B Unit 6《The Great Wall》中，教师要求学生通过阅读介绍长城的文章，运用介绍地理位置、历史、规模、地位和风景等词汇、短语和句式，描述一个地区或风景名胜。如介绍贵州黄果树瀑布的写作任务可以很好地帮助学生巩固和运用所学知识。教师先让学生利用以下表格将阅读课文的结构梳理如下：

阅读课文的结构

Paragraph	Main idea	Content
1	Introduction（Geography&Scenery）	1. The Great Wall winds its way westwards over the vast land from... to... 2. It climbs steep mountains and cut across pastureland and deserts
2&3	History	
4	Scale	
5	Status	

接着，让学生根据文章结构，将写作任务的提纲和细节信息绘制出来：

Paragraph	Main idea	Content
1	Introduction（Geography & Status & Scale）	位于贵州省安顺市，高77.8米，宽101米，是中国第一大瀑布，已被载入吉尼斯世界纪录
2	History & Scenery	周围山峦叠起，气势雄伟，分布着大小18个瀑布；历史记载可追溯到明代
3	Other aspects	游览最佳时间：七、八月份（此时水量丰富）；有亚洲最大的手扶电梯，长达300多米；需带雨伞，避免淋湿

　　这样，教师自然合理地将阅读转化为写作，既巩固了阅读内容，又大大提高了写作教学的有效性。在完成这样的提纲后，学生能够自如地应对介绍一个地方或风景名胜说明文的写作任务。

第三章 英语建设

第三节　写　作　教　学

一、合作学习与写作教学

《普通高中英语课程标准（2017年版）》对教学提出了明确的指导思想，高中英语课程的设计与实施要"有利于学生改变传统的被动记忆，机械训练的学习方式，采取积极主动的参与式和合作式的英语学习方式""在教学的方式上，强调学生在参与、实践、讨论、探究和合作中学会用英语来表达、交流，发展综合语言运用能力"。这就要求教师必须转变陈旧的教学观念，探索科学的教学方法。

（一）背景

高中英语课程标准在语言技能方面对英语写作提出明确而具体要求。而目前，在高中阶段基本上没有开设专门的写作课，缺乏系统的书面表达训练，造成学生书面表达能力滞后。在教学中，教师普遍采用讲述法（presentation model）进行英语写作教学。这是一种传统的以教师为中心的教学方法。教师在教学活动中起支配作用，主要通过讲述和组织讨论来指导学生写作。通常采用的程序是教师命题，讲解文章结构和写作要求，提供范文引导学生分析优秀作品的写作技巧，然后要求学生模仿范文进行写作，最后学生作文上交教师评定，或在全班进行集体讲评。这种教法注重学生的写作结果，而不是过程。这一模式教学效果并不理想，已不适应新课程标准下的高中英语教学，课堂教学亟须引进能面向全体学生的、有利于学生全面发展的语言实践活动教学模式，以提高课堂效率，培养探究、合作、创新人才。

（二）合作学习的概念和理论基础

合作学习（Group Cooperative Learning）是20世纪70年代美国著名教育家David Koonts首先倡导和实施的。它实际上是一种教学理论与策略体系，以教学中人的交际合作与互动为基础。它将学生按一定要求组合成学习小组，以学习目标和任务为向导，以设疑、常识、引导、体验、比较、探究、讨论为基本方式，讲究教师的主导与学生的主体有机结合。小组合作学习要求学生互助合作尝试探索知识，并以小组的总体成绩作为评价和奖励的依据。

英语学习是一个合作互动的学习过程。从学习理论的角度来看，合作学习的理论基础是皮亚杰的建构主义和维果茨基的社会互动理论。在谈到中学生的一般性发展时，皮亚杰认为，中学生所接受的社交互动的质量和数量将会极大地影响他本人成长发展的速度。维果茨基的最近发展区理论也强调高质量的交往互动。由此看来，合作中的互动成为学生建构知识的重要活动形式。

（三）应用

合作学习是帮助学生提高英语写作水平的一个有效途径，通过小组讨论、大组交流、全班分享，学生不觉得写作课是单调的，反而觉得有兴趣，写作水平随之提高。合作学习强调师生共同进行教学活动。其具体教学流程如下：

教师活动：出示文题→明确要求→引导评议→指导编写提纲、书写正文→总结归纳

学生活动：审题→构思选材→小组讨论→小组汇报→学生评议→编写提纲、书写成文→检查修改

学生心理发展：培养审美能力和分析能力→培养思维能力和联想能力→培养判断能力和分析能力→发展有序思维能力，培养对语言的把握能力和遣词造句能力→培养自评作文能力和语言表达能力

合作学习教学流程

合作学习理论把写作教学活动看作一个动态发展的，教与学相统一的，

师生共同参与、共同合作的过程，通过调节人际关系、改善教学方法和教学组织形式等手段，在写作教学活动中建立起平等、友好的师生关系。师生之间、学生之间相互尊重，相互信任，相互合作，形成民主、和谐、热烈的教学氛围，因而能有效地完成任务，达到提高教学效果的目的。

（四）课堂模式

在写作课中，合作学习训练书面表达通常以小组合作模式出现。一般做法如下：

1. 准备阶段

将学生按优生、中等生、学困生搭配分成5~6人的小组，形成较为固定的英语学习小组，定期进行书面表达训练，并事先告知学生，课前按学习小组调整好座位。

2. 课堂流程

（1）提供必要指导。简明扼要地向学生讲明本次书面表达训练的特点、要求、体裁和格式。同时充分预见学生可能遇到的困难，给予一定的帮助，如参照词语、句型，进行"热身练习"，为下面的小组讨论作好知识和心里的铺垫。

（2）学生独立思考数分钟，审题并初步构思表达，考虑所需词语、句型，形成框架，为讨论准备语言材料。

（3）小组讨论，列出要点。讨论时，组员之间常意见不一，表达各异。这时，组员发表各自的看法，陈述理由，通过讨论，最后达成共识。应当鼓励学困生多发言，耐心听取他们的陈述。合理分组的目的就在于各有所得。对中等生来说，优生所使用的写作方法、写作技巧是他们的"最近发展区"，易于模仿掌握。而学困生在参与的过程中，经过深思、发掘和整合所学知识，表达自己的观点，会有不同程度的收获。在帮助同学的过程中，优生的自我价值得到体现，自信心得到增强，所学知识得以巩固。

（4）小组汇报讨论结果。让每个小组以书面的形式罗列要点，通过幻灯片展示给全班同学，引导全班学生评价、纠正。

（5）学生评议。针对小组汇报的写作要点，以小组为单位，根据以下表格内容进行讨论评价。

评价表

评价内容	结果
文章佳词、佳句	
文章的不足和病句的修正	
综合评价（A、B、C、D）	

这样做一方面会大大减轻教师的负担，另一方面学生在评价中相互学习。由于学生相互了解更深刻，他们之间的相互交流往往能收到很好的效果。而当学生意识到教师并不是其文章的唯一读者时，他们会更认真地写好作文。因此，让学生参与评价和修改作文不仅能增加写作的真实感，也使学生在不断地修改中形成新的思路，养成好的写作习惯，获得写作过程带来的进步与成功。

（6）扩展要点，连句成文。这一步让学生各自独立完成，教师适时提醒学生注意句子间的衔接与过渡，合理使用过渡词，使行文连贯。学生成文后自改一次，重点纠正常见错误。

（7）学生评阅，共同提高。评阅过程是学生学习佳句、纠正错误的好时机。对于佳句，嘱咐学生记入笔记本，对于错误，提出修改意见。

（8）再次修改后上交教师，这一步一般在课后完成。

3. 批改阶段

批改是书面表达教学中必不可少的一环，可以学生自我批改，也可以小组交换批改，当然也可以教师批改。在批改后，一定要挑选佳作数篇在全班传阅，或集典型错误于一篇，供改错练习使用。

（五）问题与反思

我们在实践中发现，部分学生畏难，存在自卑、逆反或受挫心理，小组讨论效率低下，课堂秩序混乱，某些成员无所事事，出现"搭车"玩耍现象等。因此，合作学习训练书面表达的成功，教学组织形式固然重要，但教学策略和技巧同样不可忽视。

1. 合理分组分工

一般来说，按班级正常的座次，将座位邻近的学生组成学习小组。这种合作小组的组合形式，无须调整座次，分出层次，操作起来比较简单，但不具科学性，不能充分发挥小组合作学习的作用。根据成员间性别、性格、学习成绩和学习能力方面的差异进行分组，为小组成员间互相帮助提供了可能，为各小组间的公平竞争打下了基础。这种组合实施一学期后，为保证各小组力量均衡，可以重新分组。每一组选一个小组长，负责分配本组成员的任务，协调小组成员间的关系，使小组成员间能很好地交流，检查和评价本组成员的合作学习情况，以保证小组活动卓有成效，同时向教师反馈本组学习任务的完成情况，关心帮助成绩不理想的同学，争取组内同学共同进步。

2. 转变教师角色

合作学习中，教师要扮演管理者、促进者、咨询者、顾问和参与者等多种角色，旨在促进整个教学过程的进行，使学生与新知识之间的矛盾得到解决。首先，教师要精心设计适合学生发展的教学内容，充分预见教学过程中可能遇到的困难。其次，教师要从心理上和知识上为学生作好铺垫，尽可能地减少学生的畏难心理，提高学生参与的积极性。最后，教师要合理、恰当地使用评语。合理的评价对指导和调节学习过程起着重要的作用，它可以使学生深受鼓舞，从而产生巨大的学习动力，也可以避免学生灰心丧气，走入误区。因此，教师要坚持正面表扬和激励，"不求人人成功，但求人人进步"。

3. 让学生以负责任的态度参与

合作学习的最终目的是培养学生个体的能力。学生在团队里所学习和形成的能力在自己以后的独立工作中会发挥巨大的作用。所以合作学习要使学生培养高度的责任感。培养责任感的关键在于组员之间的相互帮助和确保每个人都能独立地通过学习评价。在合作学习中，鼓励每个组员参与活动是一个重要问题。为了做到这一点，需要让每个人感到他个人对小组的成功负有责任，团体中的每一个成员不但要对自己所接受的任务尽心尽力，还要负起帮助、鼓励、支持队友的责任，要知道在整个活动中自己并不是一个"免费乘客"。

二、核心素养与写作教学

（一）背景

教育部基础教育课程教材专家工作委员会、普通高中课程标准修订组在《普通高中英语课程标准》中指出："高中英语课程应充分发挥课程的育人功能，发展学生的语言能力、文化品格、思维品质和学习能力等英语学科核心素养，落实立德树人根本任务。"其中，"语言能力是指在社会情境中，以听、说、读、看、写等方式理解和表达意义、意图和情感态度的能力。英语语言能力构成英语学科核心素养的基础，是学生发展文化品格、思维品质和学习能力的依托。英语语言能力的提高有助于学生开阔文化视野，丰富思维方式，在全球化背景下开展跨文化交流"，"语言技能涵盖听、说、读、看、写五项技能，是学生学习语言知识，获取、处理和传递信息，发展思维品质的手段，是语言能力的重要组成部分，其内容标准按照理解性技能（听、读、看）和表达性技能（说、写）分三类课程列出"。足见高中英语写作在英语学习和教学中的重要性。

然而，在普通高中英语教学中，不少教师把写作放到次要地位，有的学校甚至没有专门的写作课，主要的训练就是考试时写一写作文，提供范文或点评一下，最多就是写写周记，背背抄抄范文。这样培养出来的学生在实际生活中不能很好地运用英语进行书面交流。自然，语言就失去了生命力，学习也变得极其枯燥和单调。

因此，在新课程改革的大背景下，指向英语学科核心素养的高中英语写作教学成了教师绕不开的研究课题。

（二）研究现状述评

目前，国内对于新课程背景下英语写作教学有效性的研究正大面积展开。譬如，尹世寅在《"过程写作"在高中英语写作教学中的应用》（四川师范大学学报，2007年第6期）一文中，在对"过程写作"研究的基础上，提出高中英语写作中应重视体裁教学，强调真实写作，发散集体思维，改革评价方式……转变教师角色，开发学生潜能，兼顾结构内容，过程、成果并

第三章 英语建设

重。任永东、张健在《论过程体裁法在高中英语写作中的应用》（中国教育学刊2014年第5期）中指出，在高中英语写作教学中，以学习小组为合作形式，以形成性评价为核心，以个人写作成长记录为载体，有效实施过程体裁性写作教学模式，能够全面提高学生的书面表达能力。二人认为写作教学中过程教学是重要的，并提出了教学模式。此外，张明芳的《自我效能理论对高中英语写作教学的启示》（教育学术月刊，2008年第5期），李广超的《高中英语写作教学中"无效创生"现象述析》（教育导刊，2011年第11期），丁灿明的《因特网辅助任务型高中英语写作教学》（福建论坛，2007年s1期）等也从不同的视角论述了高中英语写作教学。

综上所述，高中英语写作的有效教学受到了普遍关注，在教学过程中，通过层层铺垫，逐渐构建学生的写作能力，使用形成性评价和小组合作学习激发学生的学习兴趣等策略值得借鉴。但他们均是单纯地论述高中英语写作教学，对阅读、听说、词汇教学的整合并未涉及，单一的方式导致教学的有效性大打折扣，一堂单一的写作课也难以维系学生的学习兴趣。

（三）理论基础与依据

1. 有效教学理论

早在2001年，华东师范大学崔允漷教授就在《有效教学：理念与策略》一文中对有效教学的内涵和核心思想作出了清晰的界定：一是"有效教学关注学生的进步或发展"，教师必须确立学生的主体地位，树立"一切为了学生的发展"的思想；二是"有效教学关注效益，要求教师有时间与效益的观念"。高中英语写作有效教学策略可以理解为在高中英语写作教学中，教师为了有效地促进学生写作能力的发展、有效地实现预期的教学效果而采取的各种行动和步骤。

2. 建构主义理论

瑞士著名心理学家皮亚杰（Piaget）提出的建构主义理论十分关注以原有的经验、心理和信念为基础来建构知识，强调学习的主动性和情境性。其学习观以合作学习为主要策略，认为教学是教师与学生合作共同建构知识的过程：教师组织学生一起讨论和交流，形成一个学习群体；通过学生的积极参与，师生之间、学生之间的相互合作，逐渐完成教学过程。在这个过程中，学生全员参与，在教师的指导、帮助下，从这种互动中主动开发自己的思维品质，完成自己知识的意义建构。通过这样的合作学习环境，小组成员把各自的观点和意见与其他成员一起分享，整个小组共同参与知识的建构。高中英语写作教学应在教师创设的情境之下，使学生通过协作、会话等方式最终实现知识的意义建构。

3. 自主学习、合作学习、探究式学习理念和学习方式

自主学习、合作学习和探究式学习是教育界近年来发展起来的重要的学习理念和学习方式。《普通高中英语课程标准》指出："自主学习关注学习者主动、积极的学习动机和自觉、持续的行为能力；合作学习关注学习者与人沟通、合作完成学习任务的能力；探究式学习注重对过程和概念的探究与发现方式，是学生获得结构性知识、发展分析问题和解决问题能力的重要途径。"《普通高中英语课程标准》同时强调："自主、合作、探究等学习方式不仅关注学习结果，还重视学生的学习状态和学习过程，强调教师要以满足学生的需要为出发点，促使学生在活动中以合作和探究的方式获得知识、丰富经验、形成技能、发展能力，养成健康人格，强调学生之间的相互促进和共同提高。"在高中英语写作教学中，可以借鉴以下方式：教师提出话题、议题或写作素材，不要立即展示写作相关用语结构，而是让学生在小组内充分讨论，达成共识，然后分小组在全班分享。在整个教学活动中，教师起组织、引导作用，学生充分参与，学生在过程中去学习，培养深度思考、交流与分享的能力与学习品质。

（四）教学策略

《普通高中英语课程标准》指出，积极参与英语实践活动是学好英语的关键，而英语实践活动就是通过大量听、读、看，接触、体验英语和获取意义。通过多说、多写练习和使用英语，主张学生"主动参与学习活动并尝试自我评价和同伴互评，养成自我反思的习惯，在体验自主学习、合作学习和探究式学习的过程中学会学习"。学生在教师指导下积累英语知识，学会梳理和概括所学知识，通过英语实践活动逐渐形成和内化英语语言知识体系。

在英语写作教学中，让学生"根据选题的需要自己收集资料，并通过小组讨论和分析，将所收集的资料整理成文章；教师总结该过程中所需要的知识、技能、策略和经验"。这种"过程性写作教学法"突出了教师的指导和学生的参与。学生从信息收集、文章构思、内容起草、成文、修改到定稿的整个过程都需要进行积极的思考，这有利于培养学生深度思考的能力和自主学习的能力。

1. 课堂教学模式建构

（1）导入阶段

利用课堂教学相关内容实施导入，如阅读材料、听说内容或单元复习知识，为写作储备素材。

（2）准备和指导阶段

学生通过阅读、听说或单元复习，解读标题，了解文章的体裁、结构、主题和内容以及一些关键的词汇、句子或者句式结构（也是本单元必须重点掌握的句式），历时18分钟。然后在写作指导时，教师抛出本节课写作的要求并进行点拨，此阶段一般让优生配合教师进行，指导学生审题，确定文体、格式、写作的人称、时态，再列出文章的要点或者写作提纲，历时1~2分钟。

（3）写作阶段，分为写作初稿、互评互改和定稿三个阶段

① 初稿阶段。此为学生独立完成之个性化阶段，要全面安排，既要考虑文体特点、时态、格式、人称，也要顾及文章的首尾句，还要按照时间、空间或逻辑顺序，把全文连成一个整体。请一位英语学习中等层次并且书写较好、写作速度较快的学生在黑板上写，其余学生在草稿本或试卷上完成。教师则在学生中走动从而收集学生常出现的问题。此阶段一般历时10~15分钟。

② 互评互改。先采用学生互改的方式进行，请一名学生对黑板上的习作进行修改，下面的学生同桌交换批改，然后教师和学生一起修改黑板上已被修改后的作文。结合在课堂上收集掌握的学生作文中出现的普遍性问题和一些典型错误及时在课堂上进行讲评，让学生从中得到启示和警示。教学实践

中发现，学生均能在积极、主动的情感支配下进行自评和互评，这一活动唤起了学生强烈的求知欲望，从而渐渐提高他们的写作兴趣。此阶段历时5~10分钟。

③ 定稿阶段。学生根据修改阶段发现的问题完善自己的文章并誊写于专门的作文本或者写作试卷上（8开的试卷上同面的左边是英语作文本纸一样的四线三格，用作写初稿和作修改，右边是与高考答题纸一样的两线一格，用于誊写定稿）。

（4）讲评阶段，包括教师批改、讲评和学生参阅参考范文

教师评价应该有总结，一方面指出其成功之处，另一方面指出其不足之处，使学生有努力的方向。对于基础较差的学生，教师要对其面批面改，做到边启发，边批改，边解释。这样学生更能集中注意力，教师也更能把问题讲清、说透，从而使学生取得更好的效果，大幅度提高教师的教学质量。教师将一些写得较好的、错误较少的习作张贴出来，或讲评时读给全班学生听，给予鼓励。公布参考答案供学生作为学习的范文。评价有利于培养学生对学习负责的态度，并能促使学生学会思考，随时看到自己取得的成绩和存在的不足，帮助学生反思自主学习过程，调整学习目的和学习策略，树立新的超越自我的学习目标，更有效地进一步学习。

2. 课外拓展性训练

教师要利用多种渠道、多种形式帮助学生建立用英语进行写作的成就感和自信心，激发并促进学生写作兴趣的形成，调动学生英语写作的主动性和创造性，使其进行自主学习，从而使学生掌握有效的写作策略，提高写作水平。主要途径有：举办英语写作书法比赛、手抄报展览，规范书写，激发写作热情；举办演讲和课本剧赛，丰富学生英语学习生活，提高学习兴趣和写作能力，也促进学生的英语学习；举办校园英语广播，创造英语的语言学习氛围。

三、过程性写作

如何有效地进行英语写作教学一直困扰着广大英语教师。"给出题目、提出要求、学生完成习作、教师批改、出示范文"的传统英语写作教学模式

使大部分学生被动完成写作任务，缺乏积极性和写作的热情。同时，广大教师苦于修改学生习作中的语法、词汇等细节性错误，形成了"学生怕写，教师厌改，效果欠佳"的现象。

实践表明，强化写作中的过程指导与训练，对提高写作教学效果有十分重要的意义。

（一）教学设计理念

过程性写作教学法将写作大致分为三个阶段和六个步骤，即写前阶段（pre-writing）、写中阶段（while-writing）、写后阶段（post-writing）三个阶段和主题导入、小组讨论、初写文章、点拨优化、再写修正、作品展示六个步骤，学生在教师的反馈和指导下完成写作任务。这种层层铺垫、循序渐进的过程，不仅让学生对写作做到胸有成竹，而且系统地训练了写作思维。

（二）教学案例分析

以人民教育出版社2003版高中英语教材Unit 1，Writing部分的教学为例，教学任务是"Write An E-mail to An e-pal"。作为刚升入高中的学生，英语功底虽然不厚，但是对这个话题很熟悉，学生有话可说，具有真实性。

1. 写前阶段

写前阶段包括主题导入和小组讨论两个步骤。教师导入主题和任务，拓展学生思维，激起学生的写作意向，然后通过学生分小组讨论，激活有关词汇和有用表达，为写作作铺垫。就本节课而言，考虑到学生刚升入高一，同学之间不熟悉，可能学生开始并不太活跃，有些学生的思维不够开阔，可以先提出一些引导性的问题导入主题：

（1）Do you have friends?

（2）Do you know how to make friends?

（3）Do you know you can use the internet to make friends?

（4）Do you have an e-pal? Do you want to have one?

（5）Have you ever written an e-mail? Do you know how to write an e-mail?

然后，引导学生思考，给每个小组5分钟时间讨论，之后每个小组表达自己的观点。讨论中，教师一定要在教室中走动，密切关注各个小组的讨论进程，适时提供一些帮助。通过小组汇报，学生归纳出如下内容：

What to write：

（1）Introduce yourself including who you are.

（2）Where you are from，your hobbies and so on.

（3）Why do you think you can be his or her friend.

（4）Ask some questions you are interested in，exempligratia，something about his friends，his school，his country and so on.

How to write：

（1）Use indirect speech，such as，you wrote that or in your letter you said that.

（2）Talk about likes and dislikes.

（3）Conclusion（your wishes）.

Useful expressions：

be from，be fond of，what I like/love/ dislike/hate is，my favorite is...

课堂上学生间的讨论是很有益处的，不仅可以使学生集中注意力，培养他们积极思考的习惯，训练他们的口头表达能力，他们的合作意识也会得到极大的提高。同时，经过学生的讨论及总结，解决了不知道写什么，怎样表达的问题，为学生树立了写的信心和勇气。

2. 写中阶段

写中阶段为学生提供了使用语言、完善语言的机会，该阶段的主要任务是培养学生语言的流畅性。它由三个步骤组成：初写文章、点拨优化、再写修正。这是一个循环的过程。具体做法如下：首先，要求学生在讨论的基础上独立写作，要求隔行书写，以便修改。个人完成后根据自评和互评作文评估表进行修改，商讨本组的汇报内容，确定汇报文本。然后，小组汇报，请其他组别找出优缺点。接着，教师结合学生所展示的初写文章和总结出的优缺点，从格式、内容要点、语法修辞到语言习惯进行点拨。最后，学生独立修改自己的文章。完成后再次互评作文。例如，下面是一个小组提供的初写作品，展示给大家，让学生一起分析和修改。

Dear Jane：

I am Tolley.I want your e-pal. I studying in Yunyang Shuangjiang Middle school，Chongqing. I like English best，so I want to talk with you. I fond of reading and listen to music in my spare time. I'm a quiet girl. What about you? I want to know something about yourself and your school life.

I hope you to write to me soon .

Good luck to you.

对待这样一篇文章，怎么改，首先让学生分析主要问题是什么：

（1）句中语法错误较多；

（2）中文式表达；

（3）句型结构单一；

（4）词汇不丰富；

（5）文章欠流畅。

然后让学生自改和互改，首先修改基本的错误，再为文章润色。

互评作文有助于作文标准的内化，促进学生间的相互学习。同时，学生讨论、互评、教师点拨的循环过程让学生明白了怎样选择详略，文章结构如何建构以及如何给文章添彩增色等。

3. 写后阶段

写后阶段是一个学生展现自我、树立信心、激发写作积极性的阶段：展示几篇优秀习作，让全班学生学习和欣赏；此外，可以将一些优秀作文张贴出来，以供大家互相学习。

Dear Jane：

This is Catt from China. I'd like to be your e-pal. I'm a senior-one student in Yunyang Shuangjiang Middle school，Chongqing. English is my favorite subject，so I think it's a good chance to communicate with you. I like reading and playing volleyball in my spare time. I'm an out-going and optimistic boy. What about you? I want to know something about yourself and your school life. Besides，I have some difficulty in improving my oral English. I hope that you can give me some advice on it.

Look forward to hearing from you .

Best wishes to you.

把学生中的优秀作品作为写作样板，让学生将自己的作文与身边同学的进行比较，找出差距，这样更能激发学生写作的积极性。

传统的结果式写作和范文教学对学生的学习方式和思维产生了很深的影响。开始时大部分学生在这样的课上都不积极参与和思考，甚至有一定的排斥，有的胆怯怕犯错误，不敢张嘴表达自己的观点，但经过一段时间的引导后，他们就会逐渐变得活跃起来，他们体会到教师引导他们的思维。为写作铺好了路，写起文章来就会更轻松，所以教师的铺路搭桥的方式方法十分重要。教师要在课前精心准备写作话题，且采用多种方式来激发学生的想象力和学习的积极性。

写作水平的提高不可能一蹴而就，需要有计划、有步骤、循序渐进地进行严格训练。教师在教学的过程中要让学生充分意识到英语写作的重要性，充分理解过程性写作的三个过程六个步骤，且要将其融为一体，反复练习，最终将其内化。

四、写作拓展训练

（一）现状

国外对于英语作为第二语言习得的理论研究和课堂教学的交际性、任务性等的实践总结为英语课堂有效教学提供了很好的理论支持和实践指导。但是事实上，如何有效地进行英语写作教学一直困扰着广大农村英语教师。现行教材中虽然有integrating skills和writing部分，但遗憾的是，教师往往忽视这个写作教学，只是把它当作阅读课进行处理。对于英语写作往往就是给出题目，提出要求，并让学生在课内或课外规定的时间内完成一篇作文，之后上交给教师批改，或者是考试时写一写作文然后给篇范文点评一下。这样的训练模式使大部分学生写作相当被动，缺乏主动性和写作的热情，同时使广大教师任务繁重，埋头批改学生作文中的语法和词汇等细节性错误。学生的作文成为应试的产物，他们学了语法、记了单词、背了课文，做过许多题却不会运用。学习语言却不会也不能应用，语言自然就失去了生命力，学习也变得极其枯燥和单调。

广大的农村高中教学环境差，学校不够重视，学生没有好的英语学习条件，绝大部分学生甚至在小学时根本没有接触过英语，造成了绝大部分学生初中英语基础知识很欠缺，所以，这些学生到了高中，英语写作就成了他们的一大难题，学生普遍缺乏英语写作兴趣，甚至形成了"学生听到写作心烦和害怕，教师见到习作头痛和痛心"的现象。

（二）理论依据

当今，英语基础教育改革倡导"学生主动参与，乐于探究，勤于动手；培养学生处理收集信息，获取新知识，分析和解决问题以及交流与合作的能力"。新的教育理论倡导以"学生为中心"。教育部基础教育司编写的《普通高中英语课程标准（2017年版）解读》指出："英语教学要做到听、说、读、写训练内容和形式尽可能地贴近学生的实际生活，贴近真实的交际行为，贴近有目的的综合运用英语的活动。"根据《普通高中英语课程标准（实验）》（以下简称《标准》），高中毕业（8级）的写作技能应该实现如下目标要求：①能写出连贯且结构完整的短文，叙述事情或表达观点和态度；②能根据课文写摘要；③在写作中做到文体规范、语句通顺；④能分别用文字及图表提供的信息写短文或报告。

（三）拓展训练策略

1. 注重简单句型的训练

单句是组成语篇的基本单位，所以，写好语篇关键在单句。单句要写得好，句型、时态、语法的综合运用是关键。一个英语句子的句式犹如一个人的骨架，词汇犹如肉和血。英语属于结构语言，它有自己的基本句型、固定搭配、固定短语等。从高一起注重以下六个基本句型的练习：①S+Vi；②S+V+O；③S+V+C；④S+V+P+O；⑤S+V+O+C；⑥一个"there be"。在高考书面表达范文中，几乎所有的英语句型都是这六种句型的扩展、延伸或变化。因此，训练学生"写"，首先要抓住基本句型的训练，让他们把基本句型记牢并不断运用，为写作打下坚实的基础。其次，加强句型教学，对一些句子进行分析，进行一句多译训练。比如，爬过小山，你就会看到一个小湖，我们就在湖边小树林里搞野炊。要求至少用四种句式进行翻译。例如，表达①：Climb the hill and you'll see the small woods by the lake where we'll have our picnic.表达②：Walk around the hill and to the other side and you'll see a small woods by the lake where we'll have our picnic. 表达③：Climb the hill and you'll see the small woods which is near the lake where we'll have our picnic.表达④：Walk around the hill and to the other side. There you'll see the lake，we'll have our picnic there in the small woods by the lake.通过训练，学生熟悉了最基本的英语句式，避免出现Chinglish（汉语式英语）。

2. 以"说"助"写"

语言的发展证明：书面语是从口语发展而来的，口语是书面语的基础。学生的口语句型结构和表达方式往往是他们学习写作的基础。学生认识和理解事物的渠道通常也是口头形式的交流。口语形式往往包含大量近似书面语的结构与措辞。因此，训练学生的口语表达可以提高学生的写作水平。

（1）要求学生在上课开始的两三分钟内做"daily report"，同时规定"说"的内容必须是自己写的东西。当然，在每个学生"说"之前，教师要先行批改，这样能让说不好的学生在"说"的时候更有信心。

（2）讲英语故事。不定期举行讲英语故事活动，先布置学生去写自己真实的故事，然后让他们相互检查故事中的写作错误，然后上台"讲"，这样学生胸有成竹，积极性很高，因为学生基本上都有强烈的表现欲望，希望能获得掌声。

（3）举行英语演讲比赛。在班上或全校举行英语演讲比赛，让学生用双语主持比赛节目。要求演讲稿内容真实，必须是自己所写的。这样"先写后讲"旨在"以说促写""以写助说"，让不同程度和不同特长的学生都能体会到成就感，从而增加"说"和"写"的兴趣，提高英语"说""写"的水平。

3. 校内英语新闻广播

倡导所有学生积极撰写校内英语新闻，要求内容真实、语言准确，每学期评选优秀小记者，给予奖励，以激发学生的写作热情。

4. 写周记

俗话说，熟能生巧。勤练笔对于提高英语写作能力是十分重要的。首先，教师要鼓励学生积极地去感悟生活，多看、多听、多想，处处留心，用心体会和感悟身边的人和事，然后将感受用英语表达出来。刚开始让学生写周记时，他们都不太习惯，基础稍微差一点的学生甚至产生抵触情绪。教师对每个学生的周记认真批阅，并用英语写下自己的评语，除了指出语言运用的错误以外，还要注重与学生的情感交流。对于他们在周记中所写的对各类事情的看法，除原则性问题外，允许他们发表不同的意见，绝不进行硬性的干预。万事开头难，写周记贵在坚持，培养习惯，切忌三天打鱼两天晒网。只要坚持下去，学生就会慢慢"上手"，感觉越来越容易，兴趣就会越来越高，效果也就越来越明显。

5. 办英语手抄报

其实，如今的高中生活单调乏味，学生几乎整天都在书海里漫游，他们内心的情感无处释放，办英语手抄报可以给予他们一个尽情抒发自己的情感、展示自己才华的空间。创作时要求学生尽量用自己的语言抒发自己的真情实感。大部分学生都具有向上性，他们会竭尽全力规范他们手抄报中的书写和文体格式，按要求使用标点符号、字母大小写和移行规则，做到卷面整洁、字迹美观。（这些是写作中最基本的要求）

教师要利用一些切实可行的课外拓展训练激发学生的写作兴趣，充分发挥学生的主观能动性，培养学生的自主学习能力，使学生乐写、善写。

五、听说与写作教学

写作是英语技能的重要组成部分，是体现学生综合语言运用能力的输出性技能。写作能力训练是发展学生思维能力和表达能力的有效途径，也是衡量教学效果的标准之一（王笃勤，2002）。写作应包括语言知识、语境知识、写作目的和写作技巧等要素。写作目的、语言知识和语境知识可以为写作者提供足够多的信息输入。写作技巧的训练就是要使写作者知道怎么说

（赵建群，2005）。因此，写作既是语言输出的过程，也是学生按一定的写作技巧将听说知识内化巩固的过程。

（一）现状

英语写作能力的发展是我国英语教育的弱点（武尊民，2008），究其原因，有以下几点：

1. 对写作教学不够重视

长期以来，受应试教育的影响，教师将应对高考的压力转嫁到课堂教学上，特别是写作教学，因为课时紧张，不易操作等原因，教师总是很少安排专门的写作课，学生在课内很少有训练写的机会，有些教师布置的课外写作任务也只是流于形式，因此，教师只是把教材中的写作板块看作听说板块后的"补充"，有时间则补充说明一下，没时间就如"鸡肋"一般弃掉。

2. 写作素材脱离教材

回顾以往的英语写作教学，教师通常在课堂上采用单一的训练方法，没做到精心选材，盲目地追逐历年的高考题或各地区的模拟试卷中的书面表达题，拿来就用，在高一年级就开始围绕所谓的"高考题目"进行训练，没有充分挖掘和利用教材中的素材，更没有考虑写作训练的梯度和学生学习的循序渐进，还人为增加了写作难度。这样做适合具有强烈学习动机的学习者，对于英语基础稍差、学习自觉性不强的学生来说，这样无疑会降低他们的学习兴趣。

3. 训练方式不科学

大部分英语教师对学生的写作训练采用结果写作法（Product Approach）而不是过程写作法（Process Approach），注重学生写作的结果胜于写作过程，在布置完题目后就让学生写（学生在写作前缺乏相关知识输入的激活），没有关注学生在写前、写中和写后做了什么，也没有关注怎样帮助学生获取写作资源、培养写作情感和写作策略、降低写作难度等。

4. 评价方式单一

在学生完成写作任务后，教师通常都习惯于将习作收上来，有时间就将学生习作以A、B、C、D分级或判定分数，没时间甚至不改。这样简单、一成不变的评价方式不仅使学生在写作过程中所犯的错误和知识点的缺失得不到及时有效的更正和补充，也挫伤了学生对写作的积极性。长期下去，写作训练的效果就会大打折扣。

（二）听说写技能整合的必要性

现代英语教学理论界普遍认为，英语学习必须以可理解的大量英语语言信息输入——听和读活动为前提。《普通高中英语课程标准》的总目标是培养学生的综合语言运用能力，因此要真正掌握英语，形成综合运用英语的能力，仅仅靠语言的输入是不够的，还必须通过大量的语言输出——说和写来检验和促成英语语言知识的掌握和运用能力的形成，就是常说的"听读为先，说写跟上"。

重大版高中英语教材从内容安排、编排体系到采用的教学方法和练习设计等方面都力求体现《普通高中英语课程标准》规定的课程性质和理念，在各册的教材中都设置了以听力、口语、写作为主，以提高学生"综合语言运用能力"为目标的"Listening and speaking"和"Writing"板块。该部分的设置以前面一系列的教学内容为基础，由听力、口语和写作三大块组成。因此，如何进行听、说、写技能整合教学显得尤为重要。

听、说、写技能的整合教学要求教师在教学的过程中基于听力材料的主题、内容、词汇和行文结构，通过教师灵活处理组织"说"的活动为学生构建写作相关内容，作为语言知识输入的激活，最后采用过程性写作模式，帮助学生顺利完成任务。完成任务后，教师要采用科学的评价模式使写作训练达到最佳的效果。

（三）整合教学策略

教材是课堂活动的主要依托。听说教学的话题和内容以教材内容为蓝本，帮助学生在听说活动中灵活运用所学知识，形成有效的学习策略，将听说内化为写作素材，为写作的输出作好铺垫。写作任务的设定和训练要对听说知识的输入进行巩固和落实，而将听说与写作有效结合，应注意并坚持以下几个原则：

1. 把握听说与写作内容的相关性

教师在利用教材听、说素材时，应该灵活取材，改编、设计写作任务时要兼顾全体学生，并充分考虑学生的实际水平。最重要的是，写作要和听说材料在内容上有相关性，它既不是听力材料内容的简单重复，也不能完全脱离听力材料，而是对听力内容的适当延伸和拓展，将听力所得经过科学设计的"说"的活动进行总结加工，活动设计环环相扣，从而自然生成和写作内容一致的提纲。比如，在SEFS（2011）I B Unit 5《Special Clothes》中第三板块Listening中要求学生通过听学生对时尚的观点的一段对话材料，其中提到了几个中学生对穿校服的不同观点，让学生运用本单元所学知识及本课所听到的关于衣着和时尚方面的词汇和短语，以及本课所学的表达自己观点的句式，来谈论中学生该不该穿校服这一主题。设定论述中学生该不该穿校服这一写作任务可以更好地帮助学生巩固和运用本单元所学所听的相关知识。又如，SEFS（2011）Ⅳ B Unit 5《Familiar Neighborhood》的Listening部分要求学生通过听一则寻人启事和一则警察描述小偷的对话材料，让学生运用本课所听到的关于人物外貌描述方面的词汇、短语以及句式，来对身边熟悉的人进行外貌描述，并写成一篇作文。描述身边熟悉的人这一写作任务可以更好地帮助学生巩固和运用本单元所学所听的相关知识。这样学习描述人的外貌这一内容在课堂上各个活动中的交互，可以实现课堂教学的有效性。

2. 注重由听说向写作生成过渡的自然性

叶澜（1997）指出：教学不能机械地按原先确定的一种思路教学进行，而应根据学生的情况灵活调整，生成新的区别于原计划的教学流程，使课堂处在动态和不断生成的过程中，以满足学生自主学习的要求。听说教学对写作的生成起到了促进作用，特别是在"说"的活动的设计中，教师要注重其向写作生成的过渡的自然性和有效性，该任务要能够在写作生成中从文章的文体、结构、内容及相关词汇等方面起到"水到渠成"的作用。同样以SEFS（2011）I B Unit 5《Special Clothes》中第三板块Speaking为例，可以针对学生所听的一段关于时尚的观点的对话材料（其中提到了几个中学生对穿校服的不同观点），设定了写一篇论述中学生该不该穿校服的写作任务。为了促成这篇议论文的生成，在听后要求学生总结出听力材料中Cathy和Della对"该不该穿校服"这一话题的不同态度及原因（下文所示步骤1），然后再让学生运用本课所学的表达自己观点的一些句式来分组辩论"穿校服的利弊"（下文所示步骤2），接着，两组分别派出一名reporter总结陈诉各自的观点及原因（下文所示步骤3）。

（步骤1）Sum up the topic：Should we wear school uniforms?

Cathy（disagree）：It's not fashionable at all.There's no personal style in it.

Della（agree）：It's less expensive than those fashionable ones，and more comfortable.

（步骤2）Discuss/in groups one theme of the material（Should we wear school uniform？）by using the following phrases：

① What's your opinion on it?

② If you ask me，I think... is good for you.

③ As far as I am concerned/ From my point of view/ In my opinion，...is useful/necessary.

④ It is fashionable to wear...，and...

⑤ I just like to say... is harmful to us./...is pretty/fancy/fashionable...，because…，but it is expensive/bad for the environment/not comfortable.

（步骤3）Report the arguments over the advantages as well as disadvantages.

Advantages	Disadvantages
① It's more comfortable...	① It's not fashionable at all.
② It's less expensive...	② There is no personal style in it...
③ Identify ourselves as students...	③ It is bad for respecting children's right of choices.

最后，以上三个"说"的活动已经很自然合理地为学生写《Should we wear school uniform？》这篇议论文搭好了框架、搜集好了材料并复习了相关

词汇。以下是学生所作的文章中的一篇：

Should we wear school uniforms?

As we know，clothes are not only the bare necessities of life but also the symbol of a person. Should we wear school uniform? Recently there has been a fierce debate in our class.

Some students are strongly in favor of the idea that we should wear the school uniform. Because it's more comfortable and easier for us to take part in some physical activities. Besides，we can save money for its lower price than those fashionable ones. Above all，the reason why it is more appropriate for us is that it can identify ourselves as students.

On the other hand，others are against it，saying that it's not fashionable at all as a result of its out-of-date design. Moreover，they are fed up with its similarity，which does harm to forming an individual personality. In addition，it is bad for respecting children's right of choices in that they can express their attitudes towards life by different types of wearing.

As far as I am concerned，we should keep to the school uniform when we are at school，for we can pay more attention to our study without wasting too much time on our dress. However，when on weekends，we may dress freely.

3. 设定听说与写作任务要有意义

教学的内容要有意义，即任务的设定要将趣味性、可操作性和实用性相结合。遵循这一原则不仅能激发学生兴趣，促进学生积极参与课堂活动，而且能有效地巩固学生在本堂课中所学的知识，最终促进学生综合语言运用能力的提高。以SEFS（2011）Ⅲ B Unit 2《Parents and Children》中第三板块 Listening & Speaking为例，让学生在听完一段父子表达赞同或反对的材料后，让学生分别把表示赞同和反对的句式总结并记录下来，而在Speaking的部分原本教材中是让学生讨论是否赞同"子不教，父之过"这句古话，为了让这一任务更贴近当下的热门话题并达到训练Agreement & Disagreement的目的，可以将任务改为：①"一富二代在开车撞人后，依然口出狂言：'有本事你们告去，我爸爸是李刚。'针对这些富二代的行为，你认为是父母的错还是孩子的错？"②"有人认为进入一所好大学比不上大学对我们将来的发展更有利。你赞同吗？"③"有人认为青少年参加选秀节目是通向成功的捷径。你同意吗？"在讨论后，学生在Writing部分写出了很好的表达Agreement & Disagreement的议论文。依托教材的素材，并对听、说、写的任务进行改编，更贴近学生的生活或更具有实用性，既能提高学生的兴趣，也能让学生"学以致用"。

以教材听说材料为写作背景和素材来源的写作教学法，通过让学生认真完成听力任务，在说的活动中对听力素材进行加工提炼，在此基础上，教师加以适当引导，激发学生的创新思维，再配以小组智慧对所得材料加以拓展。这样的方法既可以加深巩固学生在教材中所学的知识，也可以激发学生的听说兴趣，更为学生的写作插上了翅膀。

六、单元复习与写作教学

（一）背景及问题

普通高中教育快速发展，然而由于历史的原因，农村普通高中硬件设施较差，教学设备远远满足不了学生的需求，班额大，学校规模差异大（万先术，2003）。新课程改革对英语写作能力要求提高而且写作教学在高中英语教学中占有相当重要的位置，但是现状却不容乐观。

（二）理论依据

英语写作教学的模式大体可分为三类：重结果的教学模式、重内容的教学模式和重过程的教学模式。重结果的教学模式强调语法、句法、词汇层面上的教学，学生学习写作处于一个孤立的环境，不利于培养写作能力。重内容的教学模式比较注重写作素材的收集，要求学生运用原有的知识，借助新获取的信息开阔视野、丰富写作内容，但对学生现有的语言能力要求较高，所以该模式不适合低、中年级的学生。对于高中阶段的学生来说，注重过程的写作教学模式比较适合培养其写作能力。因为该模式将写作教学的重点放在培养学生本人及其在写作过程中的认知能力和策略运用上，它不仅重视学习的结果，更重视学习的过程（杨延从，2005）。注重过程的写作教学模式主要有以下五个步骤：①写前准备；②写初稿；③修改；④写第二稿；⑤教师批改、讲评。

（三）教学模式及课例

1. 课堂导入

通过知识导图让学生回顾本单元的重点词汇、短语、句式和语法，为写作作词汇铺垫，然后让学生完成与本节课写作文体结构相似的完形填空或短文改错，旨在初建文章结构。

2. 基础练习与审题

首先，学生完成汉译英的基础训练。学生恰当利用写作中会出现的关键句式或单元重点句式，完成3~5个单句汉译英，尽可能一句多译。然后，审题，学生按写作任务要求快速审题，列提纲。最后，学生展示完成情况，进行讨论，做到结构合理、要点齐全。

3. 形成初稿

学生独立完成写作初稿，教师巡视，收集学生典型错误。

4. 修改初稿

首先，学生互评，修稿文章。然后，教师点评。教师对互评后的文章再进行讲评，赏析优美之处，改正错误之处，美化平淡表达。

5. 重写文章

学生根据互评和教师点评的建议重新写作。

6. 教师批改、讲评和学生参阅、参考范文

教师当日评阅学生习作，给每篇习作评定得分，并提出改进的建议。同时，在评阅时，收集整理全班习作中出现的典型错误和优秀作业。之后，教师进行及时的讲评，纠正收集的典型错误，表扬写得好的地方，并参考范文，让学生赏析借鉴。

课例链接

SEFC（2006）Ⅱ A Unit 5 The British Isles

Revision and Writing

一、教学课型：与单元复习相结合的写作课

二、学生分析

重庆市××中学2009级高一（11）和（12）班是文科班，班额大，大多数学生英语基础较差且参差不齐（初中就读于全县各农村初级中学），英语学习主动性不够，因为高考而学英语的工具性学习动机，课堂上被动接受、课后不愿练习更不爱动脑，学生运用英语进行交流和沟通的交际能力欠缺。

三、教材分析

1.教学内容（见文中）

2.教材处理

本单元要求学生运用有关国家、语言、文化等方面的单词和习惯短语，描述自己的家乡。此写作任务和本单元课文内容相关，可以很好地帮助学生巩固本单元所学知识。为更好地运用所学知识，笔者将本单元阅读课中关于介绍大不列颠群岛的语言知识进行整合，重新设计写作任务：介绍中国的海南岛。

3.教学目标

（1）知识目标

复习和灵活运用所学的描述位置、气候、文化、历史、语言的词汇和句型。

（2）能力目标

以单元阅读文章为范文，根据对海南岛的简要提示和地图，写一篇介绍中国海南岛的说明文。

（3）学习策略目标

学会自主性的自评、合作性的互评和集体性地评改作文的方法。

（4）情感目标

培养学生了解祖国、热爱祖国的感情。

（5）文化意识目标

了解祖国的海上明珠——海南岛的文化和名胜。

4. 教学重点与难点

（1）掌握介绍某个地方的说明文的篇章结构和开头结尾。

（2）掌握说明文的写作手法、词汇和句型。

（3）作文的自改、互改和集体修改。

四、教具准备

黑板、粉笔、印有教学内容的试卷（8开，一张共4页）。

五、教学设计

1. 总体思路

本课采用与单元复习相结合的英语写作课的过程性课堂教学模式。

2. 教学过程

Step Ⅰ. Revision.

Translate the following words, phrases and sentences into English or Chinese （see them on Page 2 in the paper）, meanwhile ask three students to write down their answers on the blackboard. Then revise together with the teacher.

（1）Translate the following words into English.

由什么组成/构成＿＿＿＿＿＿＿＿＿　形状；形成；构成；组成＿＿＿＿＿＿＿＿＿

国家；州；政府；状态/陈述；声明；阐明＿＿＿＿＿＿＿＿＿

一般的；普通的＿＿＿＿＿＿＿＿＿　影响；作用＿＿＿＿＿＿＿＿＿

强有力的；强大的；权力大的；强健的＿＿＿＿＿＿＿＿＿

上院的；较高的＿＿＿＿＿＿＿＿＿　基础；根据；基本原则＿＿＿＿＿＿＿＿＿

错误的；弄错的＿＿＿＿＿＿＿＿＿　联合；合并；联邦；协会＿＿＿＿＿＿＿＿＿

香烟；卷烟＿＿＿＿＿＿＿＿＿　狭窄的；狭隘的/变窄＿＿＿＿＿＿＿＿＿

欧洲＿＿＿＿＿＿＿＿＿　判断；判决；评价/法官＿＿＿＿＿＿＿＿＿

被单；床单＿＿＿＿＿＿＿＿＿　拥有/自己的/属于自己的东西＿＿＿＿＿＿＿＿＿

谷类植物；谷物＿＿＿＿＿＿ 靠近；接近；着手处理/入门；途径＿＿＿＿＿＿

向西＿＿＿＿＿＿＿＿＿＿ 证据；证物；证明＿＿＿＿＿＿＿＿＿＿＿＿＿＿

（2）Translate the following phrases into Chinese.

reach an agreement ＿＿＿＿＿＿＿＿ mother tongue ＿＿＿＿＿＿＿＿＿＿＿

consist of ＿＿＿＿＿＿＿＿ have chance of doing sth. ＿＿＿＿＿＿＿＿＿

have advantages over ＿＿＿＿＿＿＿ stand for ＿＿＿＿＿＿＿＿＿＿＿＿

make the most of ＿＿＿＿＿＿＿ hold together ＿＿＿＿＿＿＿＿＿＿＿

be separated from ＿＿＿＿＿＿＿ at one point ＿＿＿＿＿＿＿＿＿＿＿

in general ＿＿＿＿＿＿＿＿＿ throughout the year ＿＿＿＿＿＿＿＿＿＿

end up with ＿＿＿＿＿＿＿＿ in modern times ＿＿＿＿＿＿＿＿＿＿

run over ＿＿＿＿＿＿＿＿＿ develop an interest ＿＿＿＿＿＿＿＿＿＿

be of great value ＿＿＿＿＿＿＿ without doubt ＿＿＿＿＿＿＿＿＿＿

as far as ＿＿＿＿＿＿＿＿ be native to ＿＿＿＿＿＿＿＿＿＿＿＿＿

as it is ＿＿＿＿＿＿＿＿＿ settle in ＿＿＿＿＿＿＿＿＿＿＿＿＿＿

（3）Translate the following sentences into English.

① 大不列颠本土由三个国家组成：这一事实很多人还不知道。

② 多年来，英国国内有一场开发多种文化的运动正在蓬勃开展，目的是要看到英国的真实面貌：由共同的语言和文化维系起来的多国民族体。

③ 不列颠岛被英吉利海峡与法国隔开，海峡最窄处只有20英里。

④ 他们认识到，把这些语言记录下来并传给后代，是很有价值的事情。

Step Ⅱ. Preparation for writing.

Do close test by filling in the blanks with the words and phrases about a place in this unit, then sum up the structure of an expository essay that introduces an island （on Page 1 in the paper）. Next, read the requirements of the writing task and make a list of the key words and outline the passage to be written.

Fill in the blanks with the words or phrases in the unit：

The British Isles

The British Isles，which lies ＿＿＿＿＿＿＿＿＿＿ the west coast of Europe， are _____

Britain, Ireland, the small Isle of Man and other small islands. Britain, which is _____ France by the English Channel, _____ the mainland of Great Britain and _____ three countries: Scotland, Wales and England. The British Isles are _____ the Atlantic Ocean and the North Sea.

The climate of British Isles is _____ with lots of rain. _____, Scotland is colder _____ the year. It rains a lot in England and Wales, too. The coldest months are January and February, _____ the _____ months are July and August.

The culture of the people of the British Isles was _____ by the culture of the people on the European _____. The languages of people from north Europe formed the _____ _____ for English. In modern times, people throughout the British Isles speak _____.

Step Ⅲ. Tutoring/Guiding for writing.

Guide in writing the first draft (120 words or so, within 15 minutes) such as the structure, tenses, key words and sentence patterns and so on.

请根据表格以及海南省地图，写篇短文介绍中国的海南岛。120个词左右。

Size	The second largest island in China, 35 000 square kilometers
Position	
Bordering Countries	
Seperated from the mainland	The Qiongzhou Strait
History	Over 6 000 years
Population	7.11 million, consist of 10 nationalities
People	Grow rice, fishing
Climate	Mild all the year around
Nick name	The Oriental Hawaii
Scenic spots	Yalong Bay（No. 1 Bay in the world）, Tianya–Haijiao（Corner of the Earth）, Dadong Sea, Luhuitou（Turn around Deer）, Sanya Bay, Xiao Tongtian, Folk Village, etc

第三章

英语建设

参考词汇：neighboring，相邻的；square，平方；strait，海峡；nationality，民族。

拟用短语：separate... from，把……分离；lie in，位于；places of interest，名胜；consist of，包括；make a living by/ live on，靠……谋生；all the year round，终年；"the Oriental Hawaii"，东方夏威夷。

可用句型：have a population of，有人口……；with the history of，具有……年的历史。

Step Ⅳ. Writing the first draft.

Ask one student, whose English is on average level and who usually writes fast with good handwriting, to write down his first draft on the blackboard in 10 minutes while the others write on Page 3 of their paper.

Step Ⅴ. Assessment and correction.

Ask students to do proof-reading of their writings by themselves first, then in pairs. Next, with the help of the teacher, assess and correct the mistakes as well as errors of the student's essay on the blackboard.

Step Ⅵ. Writing the final draft.

Write the final draft on Page 1 of the paper after class and hand in upon finishing.

Step Ⅶ. Evaluation and possible version.

In the next period, after teacher's correction, try to make students do some proof-reading of a short passage which is written by using their mistakes and errors and then give the possible version of the essay.

按照上述教学设计，在常规教学时间（40分钟）内按计划完成了第一至第五步的学习任务，达到了预定教学目标。由于教学思路清晰，设计环环相扣，绝大多数学生在课堂上完成了初稿写作和自改互评，并观摩了教师的初稿评价。由于教学时间限制，将第六步的学生定稿修改和抄写布置为家庭作业，要求学生课后及时完成并上交给教师批改。最后第七步的教师评稿和给参考范文留到下一课时，用约15分钟完成。本节课学生写出了较高质量的作文。

第四节　语法教学

　　《普通高中英语课程标准（2017年版）》明确指出，英语学科核心素养由四大要素构成，即语言能力、思维品质、文化品格和学习能力。四大要素相互参透、融合互动、协调发展，是英语学科立德树人的育人目标，也是高中英语教育成效和学生学业质量的评价标准。其中语言能力是指以听、说、读、看、写等方式理解和表达意义的能力。英语语言能力是构成英语学科核心素养的基本要素。语言能力是建立在良好的语言基础知识上的。只有语言基础知识积累到一定程度，并通过反复练习，才能形成能力。

　　《普通高中英语课程标准（2017年版）》中附录3语法项目一览罗列了词类、构词法、句法3大类100余小类。这些英语基础知识是建立学生英语学科核心素养的重要基石。然而在以往的语法教学中经常会出现效率低、效果差、学生兴趣不高等问题，以致教师和学生对语法的教和学都感到"力不从心"，许多教师甚至将以往英语教学的失败归结为对语法教学的过于重视。

一、存在的问题

（一）过于强调知识的准确性的应试教育

　　长期以来，受应试教育的影响，教师将应对高考的压力转嫁到课堂教学上，特别是语法教学，分析高考语法的所谓"考点"，在语法课上一味强调

"考点"知识的讲解和知识点间细微的差异，机械地对其进行重复的操练，学生则死背语法规则，这样造就了一批"考试高手"和"应试高手"，但一脱离了考试中的ABCD选项，所谓的"高手"竟成了"哑巴英语者"。一部分学生由于误用英语语法而被教师反复纠正，自信心受到打击便在语法这一"拦路虎"面前败下阵来。

（二）形式过于单一的以往语法课堂教学模式

回顾以往的英语语法教学，教师通常在课堂上采用举一两个例子来引出主题，再讲解这一主题的普遍规律，同时每个知识点配上几个例句或选择题来操练，接着就是一些例外的情况，让学生注意加以演练，最后总结加上作业操练。在这个过程中，教师主要采用演绎法，其突出的特点就是教师直接对语法进行讲解，然后举例分析其用法。演绎法教学策略往往以孤立的方式来教语法，不太注重语言的意义，而且所做的练习大多是机械的替换或变换练习，这样做适合具有强烈学习动机的学生。对于英语基础稍差、学习自觉性不强的学生来说，演绎法无疑会降低他们的学习兴趣。

（三）偏离了培养学生语言能力的目标

在传统的英语语法教学中，教师为教语法而教语法，学生为学语法而学语法。教师将语法模块单独孤立出来，过分要求学生将语法规则死记硬背，惯用"汉译英"或"英译汉"的教学方式，导致在学生口语和写作中出现汉语思维指导的"汉式英语"，如There is a dog sit under the tree.（应为There is a dog sitting under the tree.）这样的教学没有在一个综合训练的语言环境中，不是结合听、说、读、写的综合训练方式，无法使学生将停留在语言知识层面上的语法知识内化为语言技能。

二、核心素养下的语言能力

学者张连仲等人将核心素养归纳为三个层次：第一个层次是外语学科必须做的事情，包括听说读写、语音、语法、词汇等，为"of English"的素养和能力；第二个层次是通过外语课程可以获得的素养和能力，如跨文化交际能力、国际视野、人际交往能力等，为"with English"的素养和能力；第三个层次是与外语课程联系不十分紧密但对学生发展和社会发展至关重要的能力，如创新能力和批判性思维等，为"beyond English"的素养和能力。张连仲等人还提倡高中英语语法要从用的角度出发，强调语法教学不能局限于语法范畴，必须与逻辑思维、文化意识、篇章语境、题材体裁、词汇等联系起来，从而发展学生的语用意识，确保语言使用的准确性。语用意识就是语言运用的潜在意识，从语用学的角度出发，是指在语言运用的过程中所产生的自觉的认识。以语用为目的的语法学习既可以让学生在语言使用过程中学习语言知识，也可以让学生在学习语言知识的过程中使用。学生只有具备了这种语用意识，才能真正掌握一门语言，才能提高这门语言的综合能力。语法并不仅仅是分离的字、词、句及语言使用的规则条款，如果教师把语法教学看成简单地运用演绎法教学策略给学生讲解语法知识，要求学生背诵语法条款并加以机械地操练的话，那只会造就所谓的"应试高手"，却无法提高学生的实际语言能力。教师要想使语法教学达到让学生"在用中学，在学中用"的目的，就应该将静态抽象的语法规则转化为具体的语言事实，创设真实的社会情境，布置科学的任务，让学生沉浸于一定的文化氛围中，结合不同语境，积极主动地感受、发现语法现象，归纳总结语法规律，理解其语义限制和使用条件，进而形成良好的语用意识。在日常的教学中不难发现，将语法知识的教学与听、说、读、写的综合技能训练结合起来，才能达到事半功倍的效果。

三、提高学生语言能力的方法

（一）创设不同的社会情境

社会情境是与个体直接联系的社会环境，即言语行为所涉及的客观条件和背景，包括特定的时间、特定的空间、特定的情境、特定的人物等。在语法教学中，结合教学内容，充分利用形象，创设具体生动的场景，使抽象的语法规则变成生动具体的可视语言，让学生更多地沉浸在英语语言情境中去感受语法现象，结合语境去理解语法现象，总结归纳语法规律，进而形成对语法现象的良好的语用意识，从而自由灵活地运用语法知识。在日常语法教学中，教师可以开展各种适合的课堂活动来创设不同的语境：角色扮演的对话训练、改编故事；利用多媒体播放一些影视剪辑或英语新闻节目。比如，在教授直接引语和间接引语时，可以设计传话游戏，教师将食指放于嘴前示意安静，学生A猜出"Be quiet！"，接着学生B传话给其他同学"Miss Zhang ordered us to be quiet"，学生将此句子写在黑板上。然后让学生四个一组，分别表演、猜句、传话、写句子轮流开展。当教授定语从句时，教师可以设计成让学生来竞选为外国的交换学生担任校园导游的活动，结合一些定语从句结构"Boys and girls，welcome to... where is..."介绍学校里的同学、老师给参观的同学，"Boys and girls，here comes our teacher... who is..."。教师请学生上台表演。在活动的最后，可以由学生自己推选出最佳导游。这样结合这些贴近学生生活而又有趣的活动来练习语法既能提高学生的学习兴趣，摆脱呆板枯燥的翻译活动，大大提高学习效率，又能让学生在使用中轻松灵活地掌握语法知识的用法。

（二）运用任务型教学策略

课标明确提出：倡导任务型的教学途径，培养学生综合运用语言的能力。任务型教学法的核心是"以学习者为中心"和"以人为本"。在日常教学中，越来越多的教师感受到了这种"在用中学，学了就用"的教学模式的好处。但他们更多地只是把它运用于听、说、读、写的技能训练中，对于语法教学，却很少与之联系起来。实际上，语法知识的教学和任务型教学中倡导的"多层面互动"是可以合理结合的，因为语法知识只有在达到了为了完成交际任务这一目的的使用过程中才能为学习者所真正掌握。在语法教学中使用任务型教学策略既要注意任务的难易度、真实性、趣味性，又要有意识地为某些语法结构的使用提供机会。下面就以定语从句的演练为例设计任务：8分钟交朋友活动。教师发给每位学生一顶印有人像的帽子，要求：①学生写出5句以上的定语从句介绍帽子上的人物，如他的外貌、性格、家庭、朋友、学习、生活等（Hello，This is... who is...或者My father is... who is...或者I have a hobby... which is...或者My school is... where... ）。②学生戴着角色帽子在8分钟内，带着记录本和朋友用刚才准备好的句子互相介绍认识，每位学生至少要和3个朋友认识，然后快速记下对方的特点。③每位学生选出一名自己最喜欢的朋友，并投票；教师组织学生评出最受欢迎的男生和女生，并让他们上台分别介绍自己的角色给全班认识；学生根据笔记选出最好的定语从句并写在黑板上大家与分享学习。这样的任务设计不仅达到了在某一实际语境中训练某一语法的目的，而且真正做到了"以学习者为中心"，让学生在轻松愉快的氛围中使用语法知识。

（三）加强语言能力的训练

以往的英语语法教学低效无趣，难以调动学生参与的积极性。新课标把"综合语言运用能力"放在了课程目标结构的中心位置。著名英语教科书专家亚历山大说过，交际要求用语言做事，用语言做事就必须运用语法结构和词汇去达到交流的目的。由此可见，语法教学中，教师要引导学生从听、说、读、写等各项语言活动中去体验、感知、探究、归纳、总结并运用所学的语法知识。教师要努力将相互影响、相互促进的外显式教学与内隐式教学相结合，帮助学生构建语言意识和形成语言技能。以人教版高二《英语》（上册）Unit7为例，本单元的语法旨在训练虚拟语气的理解掌握和运用。在进行听力教学时教师就可以把虚拟语气的句子提出来，如If you were a disease detective, what would you do to learn more about a new disease? 让学生在听力材料中搜寻答案并模仿该句型回答。在阅读教学课时，教师可以让学生把文章中含虚拟语气的句子找出来并仔细体会其用法，如I wish that she were here with me and that we weren't sick. If I were to live long enough to have a job, I would choose...当在完成了Language study部分训练后，学生已经加深了对虚拟语气的功能和基本结构的认识，这时教师就可以安排说和写了：教师组织学生用虚拟语气来谈论自己的愿望或者理想的职业。最后，教师再设计一个"我的愿望"的写作任务，让学生在表达中至少使用3个含虚拟语气的句子。这样，在有了听和读的语言输入，了解和感受了虚拟语气的用法后，结合说和写的语言输出，就能让学生对虚拟语气进行探究、归纳和总结，从而达到灵活自主运用的语用目的，将听、说、读、写的语言活动和语法训练结合起来，真正提高学生的英语语言能力。

正如Ellis（2005）所说，语言能力由隐性语言知识构成，而不是由显性语言知识构成，隐性知识的发展就是语言能力的发展。Dekeyser（2003）认为，只要提供足够的交际性练习和使用机会，显性语法知识就能转化为隐性知识。所以，在语法教学中，教师要增强学生的语用意识，通过实践将显性的语法知识转化为隐性知识，让学生把知识内化成能力。

第五节 "两步六环"课堂教学模式

在推进新课改、打造高效课堂的背景下，学生课程全了，学科教学课时却少了，怎么办？这就必须以教学模式改革为突破口，倾心课堂教学改革和研究，去打造真正的高效的课堂，激发学生学习的积极性，让学生在课堂内外自主学习、快乐学习、高效学习、幸福学习。"两步六环"的课堂教学模式可以有效提高高中英语课堂教学效果。具体教学步骤如下：

一、准备工作

首先，"两步六环"高效课堂在英语教学中运用的每一步、每一个环节都离不开课下的精心准备。

（1）备好课。教师要充分利用集体备课时间，根据本期教学内容、教学进度，提前一周进行集体备课，研讨教法，补充、完善助学案。

（2）分好组。在调查了解学生学习成绩、学习能力、性格特点的基础上，教师与班主任、班干部一起将学生均衡分成若干个英语学习小组，每组6~8人为宜。每组选定一名组长，组长可以轮换。

（3）分层次。教师在分析学生的认知能力和需求的基础上，低起点、多层次地设计教学环节，构思并编写助学案，力求让学生在课堂上高效接受知识。

第三章 英语建设

二、课堂模式

课堂分两种课型，即自学辅导课和展示总结课，每节课40分钟。

（一）自觉辅导课

自学辅导课，共分三个环节。

1. 复习指导：时间5分钟

（1）复习巩固。教师通过对已学知识的提问，检查学生对知识的落实程度。然后，导入新课，板书课题。

（2）展示教学目标。教师开始上课即展示本节课的教学目标，使学生主动围绕目标进行自主学习，以激发学生的学习兴趣，调动学生学习的积极性。

（3）自学指导。教师进行学法指导，指导一定要具体、有针对性。通过学法指导，学生明确自学的内容、方法、时间和要求。

2. 自学自测：时间20分钟

（1）自学材料主要有两种：一是课本，二是助学案。

（2）自学形式要先独立后合作。

（3）自学要先全面而后侧重。学生先独立阅读一遍课本，然后根据助学案，明确学习目标，结合课本解决A级内容（必须解决），B级、C级内容因人而异，内容解决不了形成问题，把问题带入学习小组，利用合作学习时间按照老师的分工有侧重地进行研讨学习。

（4）自学时间要适宜，自学要求要明确。

3. 探讨质疑：时间15分钟

（1）学生把在自学过程中发现的问题、产生的疑惑提出来。

（2）先由结对学生一对一地解决，解决不了的本学习小组共同商量、探讨，争取解决。

（3）学习小组仍解决不了的问题，由小组长提交给任课教师（或让学生板书到黑板上规定的位置）。

（4）教师汇总各学习小组提出的问题，设计出解决方案，明确各小组任务，并在下一节课中予以解决。

课例链接

"两步六环"课堂教学法流程示例

第一步：自学辅导课

复习指导	自学自测	探讨质疑
（5分钟）	（20分钟）	（15分钟）

课例：重大版英语必修一Unit 3《Powerful Music》（Getting ready and reading）

课型：自学辅导课，时间40分钟

Step Ⅰ.复习指导，时间5分钟

Ⅰ.复习巩固

（环节目标：检查学生对知识的落实程度。）

（具体操作：教师通过对已学知识的提问，让学生对所学知识进行巩固。）

Ⅲ.展示教学目标

Learning aims（学习目标）：

（1）运用图片理解新单词；

（2）快速浏览课文，理解文章细节。

Key points（学习重点）：

（1）快速浏览课文，理解文章细节；

（2）学习新单词，掌握关键句和重点句型。

Difficult points（学习难点）：快速浏览课文，理解文章细节。

（环节目标：了解主要内容，明确学习任务，做到有的放矢，发挥学生学习的主动性和积极性，节省时间，提高课堂学习效率。）

（具体操作：导入新课，展示教学目标，并请全体学生起立，齐声朗读教学目标，学生有目标地学习才是高效学习。）

Ⅲ.自学指导

Skimming, scanning, asking and answering activity, individual, pair or group work, discussion and cooperative learning.

环节目标：使学生产生压力、紧张思维，通过自学提高效率，学会自学方法，增强自学能力。

具体操作：给学生以具体、有针对性的学法指导，通过学法指导，学生明确自学的内容、方法、时间和要求。

Step Ⅱ. 自学自测，时间20分钟

Ⅰ. 词汇准备

Check your new words

（**学法指导：**看课后单词或查字典，重点记忆不会的单词和短语）

（A级）

1. _____ n. 力量   2. _____ adj. 破碎的

3. _____ v. 打；敲打   4. _____ vt. 瞄准

5. _____ n 征兆   6. _____ n. 惊异；不可思议

Ⅱ. Translate the following sentences into Chinese, and then translate them into English again.

（**学法指导：**先通读全句，观察有没有固定句型、短语或词组，整体把握句子的含义。如果有生词，结合上下文语境猜词。把确实影响理解的词画出来，通过查字典自己解决。通过英汉互译，掌握翻译技巧并更好地理解本课的重点词和短语的用法。写在学案上。）（A级）

1. He did not answer, with his gun still aiming at David.

（汉）_____

（英）_____

Ⅲ. Language points.

（**学法指导：**通过观察、思考，尝试自己先理解在原句中知识点的用法和含义，然后结合自己的学习资料总结用法，并完成习题。学生可以互相借阅学习资料，协作互助，但必须自己动脑独立完成，不要询问他人。）（B级）

as if 似乎，好像

It looks as if it is going to rain._____（汉译英）（A级）

Tom ordered her as if she were his wife.＿＿＿＿＿＿＿（汉译英）（B级）

She opened her mouth as if she would say something.＿＿＿＿＿＿＿＿＿

＿＿＿＿＿＿＿＿＿＿＿＿＿＿＿＿＿＿＿＿＿＿＿（汉译英）（C级）

Ⅳ. 练习自测（A级）

1. With him was a young fellow ＿＿appearance told of many days in hiding.

A. which   B. where   C. when   D. whose

2. Read the whole text on page 364 and finish exercise 2.（B级）

（**学法指导**：快速浏览课文，自主归纳每段课文大意，并写在课本的表格中。）

（**环节目标**：让整个学生群体都动起来，让不同层次的学生都能获得发展机会，真正使"自主互助"学习方式贯穿整个课堂。）

（**具体操作**：要求每堂课学生必须准备三样物品，即课本、助学案和字典。上课前，在分析学生的认知能力和需求的基础上，低起点、多层次地设计教学环节，构思学案，力求让更多的学生参与到课堂中来，满足不同层次学生的需求，给更多的学生提供参与的机会。在具体的教学过程中，注重引导学生进行自主学习、主动发展，并通过合作探究、小组交流、结对练习等方式进行教学。）

Step Ⅲ. 探讨质疑，时间15分钟

以上内容自主学习后，回想一下自己是否理解了单词的变形以及重点单词的用法。还有疑问吗？如果有，请和小组成员互相商量。

（**环节目标**：培养学生独立思考问题的习惯，提高学生的自学能力，培养学生的团队精神，提高预习效率。）

（**具体操作**：首先，学生把在自学过程中发现的问题、产生的疑惑提出来，先由结对学生一对一进行解决，解决不了的本学习小组共同商量、探讨，争取解决。学习小组仍解决不了的问题，由小组长提交给教师或让学生板书到黑板上规定的位置。然后，由教师汇总各学习小组提出的问题，设计出解决方案，明确各小组任务，并在下一节课中予以解决。）

第二步：展示总结课

新课展示　　　　　　　　拓展归纳　　　　　　　　当堂检测

（15分钟）　　　　　　　（10分钟）　　　　　　　（15分钟）

课例：重大版英语必修一Unit 3《Powerful Music》（Getting ready and reading）

课型：展示总结课，时间40分钟

课堂展示（during the class）

Step Ⅰ：**新课展示，时间15分钟**

（1）教师分配各组展示任务，明确具体展示内容、展示方式。

（2）小组决定展示组员，并按要求安排展示方式。

（3）小组展示。

（4）其他小组质疑更正。

（环节目标：最大限度地暴露学生在自学后存在的疑难问题。）

（具体操作：教师根据学生自学情况给各小组下达学习任务，让各组在规定时间内进行成果展示，展示时要注意尽可能让不同程度的学生参与板演练习。展示过程中教师采取两种形式：让组内学生讨论、更正，相互帮助、相互补充，表现出团队精神，或者让各组之间各抒己见，既要相互竞争又要相互鼓励。最后，教师及时对个人、小组给予评价。）

Step Ⅱ：**拓展归纳，时间10分钟**

（环节目标：对本节课的知识点进行概括归纳，形成体系，拓展迁移，以开阔学生的视野。）

（具体操作：让学生进行自主、互助学习，并不等于听之任之、放任自流，教师的精讲点拨作用也是非常重要的，关键在于突出一个"精"字，点拨要恰到好处，点到实处，把握好分寸。精讲的内容基本上是难点和易错点，是必须强化巩固的内容。精讲点拨还要辅之以强化训练。具体做法是：讲完了知识点时，再给他们一些相关的例句来练习巩固。最后，由教师引领学生进行错题整理，改正易错点，巩固重点知识，以实现知识学习的长期、有效，甚至终生难忘。）

Step Ⅲ：当堂检测，时间15分钟

1. 选词填空（A级）

He _____ a violin _____ on the wall.

2. 按要求转换句型（B级）

A young fellow whose appearance told of many days in hiding.（改成同义句）

A young fellow _____ _____ _____ _____ told of many days in hiding.

（**本环节目标：看学习目标的落实情况。**）

（二）展示总结课

1. 学生自测

教师下发反馈题（课前已经让学生把学案做了，然后教师进行批阅，根据批阅的情况再出一份反馈题），学生独立答题，不再借助别人的力量，实事求是，看看自己这节课的知识是否真正掌握，检测本节课的学习效果。

2. 小组评价

做题时间到，各组长收卷，教师给出答案，组长和副组长快速阅卷，打出分数，把全组整体成绩报上来，和其他组的同学进行比较，让每位同学和本组的荣辱紧紧联系在一起。

小组评价是这样操作的：开学伊始，根据学生的成绩按照优生、中等生、学困生平均分成8个学习小组，小组成员以及组长、副组长在教室墙壁的"学习天地"里绘制一张学习小组发展评价表（内容包含课堂上回答问题的频率、小组回答问题的人数、课堂达标的成绩，作业完成的情况）。

组长当堂即时统计，由课代表课下和班长一起汇总课堂和作业情况，在下一节课上课前宣布小组的评价结果，以此鼓励和激励小组间的竞争。利用每个周一的第一节课宣布上周的冠军，进行表扬鼓励。最后，如果某个知识点学生出错面较大，教师进行点拨，指导学生进行矫正。

第六节　优生培养

"钱学森之问"将培养发掘拔尖创造型人才这一中国教育界的"深命题"推到了极重要的位置。培养发掘拔尖创造型人才得从教育抓起，特别是从中小学教育抓起，英语既作为中学教育的基础性学科，也作为21世纪人才必备的三大技能之一，培养拔尖创造型英语人才具有重要意义。

一、提高学生英语学习的兴趣

《普通高中英语课程标准（2017年版）》强调要"激发和培养学生学习英语的乐趣"。提高学生英语学习兴趣不仅应该在学生学习英语的初级阶段得到重视，更应该贯穿英语教学的始末并不断强化。而实际上，学生对学习英语的兴趣更多地表现在初级阶段，但随着所学知识的加深，学习任务的加重，学生对英语学习的兴趣渐渐减弱。在对于英语优生的培养中，许多人认为不需要再培养兴趣了。其实，许多英语成绩好的学生对英语学习并没有太大的兴趣，仅仅只是把它当作任务来完成。保持并提高学生英语学习兴趣是培养英语拔尖生的重要保障。

1. 将学生已有的兴趣英语化

英语教师是一个具有创造性、挑战性、与时俱进的职业。要想成为一名能抓住学生眼球的英语教师一定要了解学生的兴趣所在并把它和英语结合起来，聪明地将学生的兴趣英语化，就能让学生将对自己兴趣的热情转化到英语上。教师可以让学生讲他们所感兴趣的电影、球队，用英语单词来描述，这样既能为他们词汇的记忆找到切入点，也能提高他们英语学习的兴趣。比如，在许多学生都喜欢周杰伦的电影《头文字D》的时候，在上课之前就可以问问学生用英语怎么来说？D是哪个单词的第一个字母？通过这个问题不但让学生记住了initial（首字母）和drift（甩尾）这两个单词，而且让学生觉得英语很时尚。

2. 引入竞争，活跃课堂

青少年都有争强好胜的心理，在课堂上适当开展一些竞赛活动，如小组间竞赛、男女生竞赛、自由组合赛、个人挑战赛等，既可活跃课堂气氛，又可培养学生在竞争中合作、在合作中竞争的意识。在教学中，教师可经常使用这些竞赛方法：在课前词汇教学或复习中的"头脑风暴"活动，围绕一个主题，如"Low-carbon Life"，比赛看谁能在有限的时间里写出最多的相关的单词或词组。特别是对拔尖生，只有在竞争激烈的环境中，才能促进其进步。

3. 增强激励机制，激发学生的学习兴趣

根据罗森塔尔效应，人的情绪状态能使人的机体活动和智力活动发生重大的变化。在教学中应发挥情感效应，教师要增强激励机制，激发学生的学习兴趣。在日常教学中，教师要善于在合适的时机找准激励点。比如，有的学生在答题过程中虽然没给出标准答案，但他思考问题的角度是新颖的，教师要给予肯定的激励。而在表扬学生的时候，教师应该更加具体，这样更容易发扬学生的优点。比如，当学生在回答问题后，往往很多教师就以一个简洁的单词"good"来评价，这样是不能达到激励的目的的，教师应该给学生明确地指出"Creative job！""Beautiful pronunciation！"或者"What an imagination！"

4. 拓展课堂教学，保持兴趣

英语学习需要语言学习者长期沉浸于英语环境中，仅靠课堂40分钟的时间毕竟太短了。教师要积极引导学生开展各种课外活动，如编故事、编诗歌、游戏、唱歌、画简笔画、戏剧排练、在日常用品上贴上英语标签、学习

一些习语、运用英语会话、英语智力赛等英语综合实践活动，拓展、运用课堂所得，营造良好的学习环境。经常进行英语交际，学生就能学得较好，学习兴趣也就得以保持。教师可以鼓励拔尖学生积极运用所学的英语去积极组织"English Conner"，提高兴趣，巩固课堂知识，锻炼口语能力，参加英语竞赛、演讲比赛等。

二、构建和谐融洽的师生关系

高尔基曾经说过："谁爱孩子，孩子就爱谁，只有爱孩子的人，才可以教育孩子。"由此可见，教师和学生的关系是相互影响、相互作用的双向关系。只有爱学生的教师才可以教育学生，相反，如果学生不喜欢某一位教师，他们会疏远这位教师，由于逆反心理，甚至会不愿意学或不认真学这位老师的课。要构建和谐融洽的师生关系，教师首先要以人为本，关爱学生，从生活、学习等各个方面观察学生、关心学生，不能将学习成绩作为衡量学生、对待学生的唯一标尺，要尊重每一位学生，了解倾听各个层次学生的意见，用发展的眼光去看待学生的成长，做到不偏心、不分类对待。其次，教师要严于律己，率先垂范。教师应以身作则，注重身教，为人师表。当学生犯错误，教师在对他们耳提面命的时候，往往发现他们有逆反表现；但如果教师以身作则，用教师的实际行动来感染学生，不仅可以赢得学生的尊重，也会让学生更容易接受。假如教师在工作上都能做到爱岗敬业、精心备课、钻研业务，在生活上诚实守信、严于律己，提升自己的人格魅力，这样的教育甚至会影响学生的一生。

三、强化优生的心理素质

良好的心理素质是人的整体素质得到提升的集中体现，要有良好的心理素质，就必须从基础教育抓起。教育实践活动表明，学生良好的心理素质是搞好学习的前提。尤其是优生，他们是一个特殊的群体，他们面临的问题更特殊，他们需要更强的心理素质。要想使优生成为更强的拔尖生，对其心理素质的培养是必不可少的。特别是在高三这一年，对优生心理素质的训练是他们高考成功的保障。

1. 帮助优生树立信心

一般来说，优生对书本基础知识有较强的掌握，考试成绩对他们而言更多地取决于其心理素质。很多优生过分沉稳、害怕失败、不够自信。到了高三，第一任务就是要培养优生的自信，使他们相信自己能够经过努力获得优秀的分数（英语130分以上），只要敢想，朝这个方向努力，就能成功。教师可以通过语言或考试"灵活"的评分帮助优生树立自信。

2. 教育优生保持童心

在教学工作中我们发现，往往保持纯洁童心的优生在面对成功或失败的时候更能做到"泰然处之"。但一些"优生"随着荣誉的增多和头脑的"成熟"，影响他们的学习和成长。教育"优生"保持童心，单靠说教是不行的，更多的时候要让他们通过与班上的同学平等相处感受其他同学身上值得自己学习的优良品德，让他们在为同学服务的过程中体验一种奉献的幸福。

3. 训练优生的受挫心理

优生长期在班上处于优势地位，不愿倾听他人意见，对挫折的心理承受能力相对较弱。他们往往一遇到挫折就受到重创，信心全无，一蹶不振。要训练优生的抗挫能力，作为教师切不可在班上搞优生"特殊化"，要将其和其他学生一视同仁；对优生犯的错误要批评，不能迁就；在适当时候，为优生"创造"一些失败的机会，对他们的心理成长也是有好处的，如让优生尝试多种句型结构的翻译，选择最优化的句子，在这个不断改进和钻研的过程中难免遇到失败，当他们对这些失败习以为常的时候，他们就能对失败和打击坦然面对了。

四、优化英语教学策略

1. 宏观调控与规划

拔尖生培养是一个系统工程，是一个长期的过程，针对英语学科的特点，高一、高二着力提升学生的综合素质，特别是基础知识积累及阅读能力的培养，即知识的输入。而拔尖生在这一部分已经具备较强的实力了，到了高三，主要是强化听力和写作部分。要使以前输入的知识达到很好的输出效果。教师在高三阶段就要增加听力和写作的训练时间，训练方法也要科学。就听力而言，教师可以尽量利用下午的课来进行听力训练，因为高考英语是在下午，尽量模仿高考的客观条件进行训练，争取让学生尽早适应高考时间，调整状态。在听力题型上，要总结高考规律，选取高考常见的题材或类型。比如，在听力的三个填单词题中一般都是一个地名（国家或城市），一个数字（时间、价格或数量）及一个单词。另外，教师可以针对材料的难易程度和学生的水平作一些调整、改变。听力不是听完就完，在平时练完听力后要将所听材料复习一遍，将其中出现的和解题相关的关键性表达、英美特有的口语俚语性表达、高考重点难点词汇及短文的题材都要作好记录，复习记忆，这样才能在听力考试中做到有的放矢。写作方面，一节课利用25分钟定时训练，剩下的5分钟讲解文章结构、要点、高级句式、高级短语等，接着5分钟学生交换改，改完5分钟让学生推荐自己改的文章，可以推荐角度非常新颖的、高级句式或高级短语用得特别好的、书写特别好的或衔接词用得很不错的，大家一起分享学习。这样会让学生带着热情积极地参与训练，在这样的限时精选训练中达到事半功倍的效果。

2. 提高讲评效度

一份试卷既反映了学生的学习效果，又反映了教师的教学水准。但很多教师将讲评视为核对答案，甚至将答案抄在黑板上了事，有的则讲究"面面俱到"式的"满堂灌"，从头讲到尾，这既造成了时间上的浪费，又使课堂平淡乏味，特别是对优生更无益，优生的错题率较低，也要逐题重复，这无疑有碍优生发展。因此，教师在试卷讲评之前应做到对学生的普遍性错误及原因心中有数，选取有代表性、普遍性的问题进行重点备课和讲评，并借此举一反三，多个角度进行合理发散，对优生还需进行适当的个别辅导，这样才能做到"对症下药"，提高试卷讲评的有效性。

3. 自主学习与合作学习的结合

在教学中尽可能地还学生主体地位，创设宽松的学习环境，同时给学生创设一起切磋交流的机会，交流学习方法，交流学习心得，以思想碰撞思想，在碰撞中升华思想，互相砥砺，彼此解惑，取长补短。合作学习的内容有：研讨、交流各科的学习方法、收获与体会；解决学习中存在的模糊问题；交流应考的经验与方法、教训与启迪；提供典型的问题一起讨论、分享。

五、加强优生学习策略指导

文秋芳（2001）认为，当其他条件相同时，英语学习策略的差异对成绩有着决定性的影响，任何运用得当的学习策略都有可能使学习者获得学习上的成功。正确的学习策略是提高学习效率、发展自主学习能力的保证。对优生的学习策略指导除了基本的日常学习方法（培养学生有效进行课前预习，能真正在课堂中进行良好的沟通和互动；培养学生记课堂笔记的习惯；培养学生必要的交际策略等）之外，最重要的就是对其应试技巧的训练。

1. 听力

听前要快速将题目中的关键词用铅笔勾画出来，以便在听时能迅速捕捉有用信息。听时要随时用自己能辨识的简易符号作好笔记。听力对学生的综合素质要求较高，很多学生在听时由于考试时心理不稳定造成听完也忘了，做好了笔记可以防止漏掉有用信息。听后，对所填单词进行检查，看是否拼写正确，所填单词是否符合此题目句子中的语法和意思要求。

2. 阅读理解

俗话说，"得阅读者得天下"，这足以看出阅读在英语考试中占据举足轻重的地位。阅读时首先看题干，带着问题读文章。要掌握问题的类型，分清是客观信息题还是主观判断题。客观信息题可以从文章中直接找到答案，而主观判断题考查的是对文章的感情基调、作者未加陈述的观点以及贯穿全文的中心主旨的理解等，这类题必须经过对作者的态度、意图以及对整篇文章进行深层的推理。其次，了解试题题干以及各个选项所包含的信息，然后有针对性地对文章进行扫读，对有关信息进行快速定位，再将相关信息进行整合、甄别、分析、对比，有根据地排除干扰项，选出正确答案。此法加强了阅读的针对性，提高了做题的准确率，节省了宝贵的时间，特别适用于对图形表格类题材的理解。一般来说，主旨大意题要重点看句首或句末的主题句；推理判断题要忠实于原文，体会文章的基调，揣摩作者的态度，摸准逻辑发展的方向，悟出作者的弦外之音；词义推测题要注意和问题句靠近的句式中类似位置的词的同义词或反义词；细节理解题需快速抓住题干中的特色单词（大写、数字等），以便于解题时迅速、准确地查找。

3. 写作

写作前要注意审题构思，明确题材格式，定下基本的时态语态，将要点（5个左右）用高级短语句型翻译出来；注意分段布局，一般第一段要点明主题或表明立场，第二段陈述要点，第三段总结启发或进行呼吁；对文章进一步润色，修改衔接词，调整高级句型或单词。

第四章

通用技术建设

第一节　现状与思考

一、中学通用技术课程

1. 中学通用技术的概念

中学通用技术指的是信息技术之外的，较为宽泛的、体现基础性和通用性，并与专业技术相区别的技术。通用技术指在学生的日常生活中应用比较广泛的技术。通用技术课程是指就通用技术而开设的课程，中学通用技术课程的开设，对学生未来的发展有重要意义，是进行素质教育不可缺少的课程之一。

2. 中学通用技术的目标

中学通用技术课程标准指出："中学通用技术课程的基本目标是提高学生的技术素养，促进学生全面而富有个性的发展。"除了基本目标外，标准还强调："通用技术课还应着力追求培养学生对技术的理解、使用、改进及决策能力，意念的表达与理念转化为操作方案的能力，知识的整合、应用及物化能力，创造性想象、批判性思维及问题解决的能力，技术文化的理解、评价及选择能力五个方面的目标。"

二、通用技术课程的教学现状

1. 课程开设情况

按照国家部颁要求，学校应该开设技术与设计1和技术与设计2两个模块的课程。在高一年级第一学期开设技术与设计1，第二学期开设技术与设计2，2个模块总课时在70课时左右；在高二开设2个选修模块，总课时在30~40课时。

但是目前由于我校没有专业的通用技术授课教师，教学设备欠缺，再加上高考升学压力大，学生缺乏应有的对通用技术课的重视等，通用技术在具体授课方面大打折扣，无论是课时还是其他方面，根本就没有按照课程标准授课，甚至更多的时候可以说没有开设。

2. 重视程度情况

概括起来说，我校对通用技术课程重视度可以说是"四不重视"。因为高考不考，所以导致其一，领导不重视，没有安排专门的教师，而是多采用物理教师代课；其二，学科教师不重视，因为迫于自己主打学科的高考压力，所以根本无暇顾及通用技术课，即使有时安排上课也是敷衍；其三，学生不重视，因为高考不考，不会计入学分；其四，学生家长不重视，领导不重视是课程资金及教师的投入不足的根源；教师、学生不重视导致教学效能低下；家长不重视加剧了学校领导、教师和学生的不重视。

三、思考与建议

（1）由于通用技术课程是一门新课程，很多学生从心底不愿意接受这门课程，同时它还是一门副科，不参加高考，所以学校、学生、家长都不重视。要想上好这样一门课必须让学生喜欢这个科目。首先必须了解学生的学习动机，他们喜欢的事物，在上第一节课时就从他们喜欢的事物上来讲技术，引起学生对技术的重视，不能一味地跟教材，教材中有很多东西都是学生不知道的。在教学中这样学生不知道，那样学生也不知道，久而久之所教的东西学生什么都不知道，就会打击学生的学习积极性。所以，尽量从学生

· 141 ·

第四章

通用技术建设

感兴趣的东西入手。比如，家里的灯突然不亮了，要知道去查保险、去换灯泡；家里的洗碗盆漏水了，要知道自己打玻璃胶；自行车链子掉下来了，要能及时装上；衬衣上的扣子掉了，要能自己缝上……至少要能做一顿填饱自己肚子的饭。

通用技术就应该从这些最基础的教起，从这些最基础的方面去训练学生，让学生逐步对通用技术这门课感兴趣，让他们喜欢上这门课。

（2）通用技术首先是教会学生生活的技术。其一，告诉学生怎么使用日常生活中的一些用品，如家里的炊具、洗衣机、吸尘器、电熨斗等；其二，告诉学生如何处理一些常规生活事务，如怎么样买菜、搭配、洗切、烹调、熬汤、煮饭；其三，告诉他们怎么样做一些日常的小护理、小维修，如前面讲的换灯泡、上链条、缝纽扣等；其四，教他们一些美化环境、享受生活的技术，如收拾房子、摆设、插花之术。这些东西我们都不能只是走走过场，装装样子，而要和学生一起身体力行，督促他们体验实践，直到他们能作为一名寄宿生或独自留在家里也能很好地打点自己的生活起居为止。

然后，我们把生活中、学习中常接触、常用的一些物件的原理、养护、维修知识告诉学生们。比如，要告诉他们手机、电视机、电脑、电动摩托车、电风扇、电烤炉、灯泡、冷光灯管、煤气热水器等的相关知识，并特别提醒他们使用时都要注意什么。他们都要用到这些东西，或是使用的过程中碰到过什么问题，肯定会关注这些课程内容，从而认真学习这些知识。要教会学生怎样使用五花八门的生活器材处理生活中冒出的这样那样的小问题然后再教他们高层次的东西。比如，遵从其兴趣，开设简单的服装设计、发型设计，简单的房屋、桥梁设计等课程；促使他们进行一些力所能及的小制作、小发明，如做一张小凳、扎一个小灯笼等。

（3）现在的通用技术教材中有些东西可以讲，如设计的原则、设计的评价。这些纯理论性的东西学生基本上一看就能懂，而且我们在学习、实践的过程中自然而然地会涉及这些理论方面的东西，使我们师生很自然地去体会。理论知识单放在这里教学很单调，而且学生以后经过深入学习，真走上设计创作之路自然会去收集、学习、体验这些。这也就像没学语法前我们学英语、学口语，没有语法的条条框框，一个孩子照样能学说一口流利的英语。当他储备了一定的英语知识想学相关语法甚至做相关的研究时他就知道该怎么做。

（4）通用技术的教学地点不能只局限于教室、实验室，结合实际的需要，可以在家里（可以根据实际情况，将一班学生分散到五六个家庭中去），还可以在某些工厂里。老师、学校要做的一是给学生做规划，他们此行要学什么，做什么，注意什么；二是要负责协调、联系，争取家长、社会、政府、企业的帮助和支持。有必要进行不断的摸索、总结、交流，形成长效机制，促成使学生学到真知。

（5）在通用技术课上要培养学生发现问题的能力，要教会学生观察周边的事物，同时让学生对这些事物进行分析（其中存在什么不足，并提出对此进行改进的设想），培养学生的动脑能力。学生要学会思考，学会如何去处理问题；培养学生动手能力，要让学生发现问题后马上进行处理，进行制作，在制作中提升自己的动手能力和操作能力，同时也锻炼学生的流程思维（如何提高生产效益）。该课程还要培养学生的动口能力，要培养学生能说、会说的能力，这样有利于学生把自己设计的作品介绍出去。否则，即使学生做出再好的作品也没有人知道，那也相当于没有做，这就要锻炼学生的语言组织能力和口头表达能力。语言不仅是一门艺术，它还具有技术性。

总之，要教好通用技术，必须让学生"三动"：一是要学会动脑，二是要学会动手，三是要学会动口。

第二节　通用技术与合作学习

通用技术在高中是集实践性与实用性于一体的一门学科，学生学习并实践高中通用技术的意义在于综合素质的提升。通过合作学习的教学方法能激发学生学习的积极性，最终达到增强专业技能和知识的教学目的。

一、通用技术中合作学习教学现状

新课改以来，在学生的综合素质培养方面，通用技术的课程实践体现了较大程度的现实作用，但仍有问题存在于实际教学过程中：第一，学生学习主动性较弱。当前，受传统教学方式的影响，教师在课堂教学中仍然采用单一的教学方法，以灌输式的授课方式对学生进行教导，但对学生的自身特点以及学生对理论知识的接受程度并没有充分考虑。如不能真正调动学生的学习欲望，那将会造成学生学习动力下降，学生的学习效果也将受到影响。第二，过分注重合作学习的形式。肤浅的课堂教学内容不利于学生创造性思维的培养，虽然教师已经在合作学习的教学过程中积累了一些经验，但是教师在实际的教学过程中应避免合作学习流于表面形式，充分补充合作学习的本质内容。第三，合作学习的课堂要有序。学生在实际学习通用技术课程的实践过程中运用学习的内容，以实现培养动手操作能力的目标。学生在合作学习的过程中，出现无秩序回答问题、相互交流的情况，从而造成课堂秩序的混乱，拉长了学生的学习时间，减少了知识的吸取等，对学生深入学习造成一定的影响。

二、教学实践策略

（一）合理分配教学任务

在实际教学过程中，通用技术要实现科学有效的进行，合作学习的教学方式需要应用在教学中。我国高中目前在合作学习的教学中分为两种形式：第一种是将技能或理论知识基本相同的学生进行分组，或是将认知差距悬殊的学生安排成一组学习，这样对学生的学习能力及兴趣有更好的提升作用。第二种是教师先对学生合理分组后，再做具体的组内任务划分。为提高学生学习的欲望及求知欲，在通用技术课程实践过程中，教师在分工上更要注重合理性和明确性。教师在制订教学计划时应考虑学生的实际情况（对掌握教学任务难易程度和认知程度的情况），同时，在学生的整体参与上，为了让每一个学生在小组中都得到锻炼，教师在教导的过程中应该采取具有针对性的方法，使全班学生在综合素质和学习能力上都得到较大的提升。

（二）教师及时进行有效引导

教师主要负责引导通用技术的课程实践，具体教学内容和学习技巧开展的重点是教师及时有效的指导，直接影响学生整体学习效果的主要因素便是教师的专业素养和教学质量，重点体现在以下几个方面：其一，学生在遇到不能及时解决的问题时，在一定程度上会打消其学习的信心和热情，所以在学生遇到相关的难题或瓶颈时，教师要积极引导学生解决他们面临的困难；其二，在整个实践过程中，教师应该详细地总结及测评学生在实践过程中所遇到的问题，帮助学生建立正确的、积极的学习态度，要针对学生的实践情况进行表扬和鼓励。

（三）运用先进教学设备

教师多数是以传统的教学方式如借助板书进行授课，这种教学过程会使学生逐渐丧失学习的欲望，无法调动学生的学习兴趣。如何向学生形象生动地传递教学内容这一问题始终无法从根本上解决。由于科学的进步、社会的发展以及学生爱好和学习兴趣各有不同，如今教师在通用技术课程实践教学中遇到问题已经可以通过采用先进的科技设备来解决。在教学实践的过程中，经常会遇到一些抽象问题，对于传授过程遇到的重点难点仅凭教师的口头讲解，对其本质内容学生还是很难理解。教师通过多媒体设备教学，不仅可以让学生熟悉通用技术的具体课程实践，可以通过图像和文字将教学内容清楚地呈现给学生，还可以让学生对教学内容明了。

第三节　通用技术与物理实验

物理实验是高中物理教学活动中不可或缺的一项内容，随着教学体系的不断发展与改革，传统物理教学模式已经无法满足现代物理实验教学活动的需求。通用技术作为高中阶段的必修课程之一，将通用技术课程与物理实验结合在一起，能够有效满足现代教学活动的需要。

一、通用技术必修课在教学中的作用

将通用技术必修课与物理实验教学活动结合在一起具有以下几方面特点：其一，运用信息技术将物理实验图片、实验视频、实验原理、实验现象等多项内容结合在一起，利用多媒体设备展现出来，通过生动形象的实验动画，增加物理实验的生动性、形象性、可视性与有声性，激发学生的学习兴趣，使学生在观看物理教学实验时善于发问；其二，运用现代信息技术能对物理实验的宏观现象、微观现象进行模拟，使学生能够直观地了解物质的微观变化与宏观变化之间的关系，化抽象为具体、化复杂为简单、化枯燥为生动、化动态为静态，使学生能够更好地对物理实验进行理解与认知。

二、通用技术必修课与物理实验整合的原则

将通用技术必修课与物理实验整合在一起，需要严格遵循实验优先原则、以生为本原则、交互性原则以及综合最佳效果原则。

1. 实验优先原则

物理实验是一项自然科学教学内容，主要培养学生的观察能力、分析能力、解决问题的能力、实践应用能力。利用通用技术开展物理实验活动需要保证试样状态较为纯粹，并对实验观察对象进行强化，使实验过程能够重复出现观察对象。尽管学生利用多媒体技术所开展的物理实验活动是一种模拟实验，但该实验需要依靠人为的设计，在人为因素的影响下，仿真实验和真实实验的功能性有较大不同，因此，在开展实验工作时，一定要遵循实验优先原则。

2. 以生为本原则

在"以人为本"理念的引导下，将"以生为本"理念深化到物理实验教学活动中，能够有效调动学生对物理实验学习的积极性与主动性，增强学生的学习意识，培养学生的自主学习能力与合作学习能力。教师应充分发挥引导作用，防止学生在开展物理实验学习活动时思想意识发生偏离。

3. 交互性原则

从通用技术教学活动的实际开展与应用来看，整个物理实验教学活动主要有三大信息来源，即教师、学生与媒体。教师应保证通用技术与物理实验结合教学互动中学生主体学习意识不被忽视，实现教学活动的多元化，落实因材施教，做好教学反馈与调整等工作。

4. 综合最佳效果原则

利用计算机多媒体设备对物理实验进行教学首先需要保证所选用的多媒体教学设备具有科学性与合理性。根据教学内容，结合实际教学情况选用相应的多媒体教学设备，使物理实验教学活动能够形成一个完整的整体，最大限度地优化物理实验教学过程，充分发挥信息技术在物理实验教学活动中的优势。

三、通用技术必修课与物理实验整合的模式

从我国高中阶段通用技术必修课与物理实验结合的具体情况来看，主要有两种整合模式，即"情境、探究、实验"与"自主学习、合作学习、

实验"。

1."情境、探究、实验"整合模式

在运用"情境、探究、实验"整合模式时，教师应明确物理实验的具体教学内容，结合实际的应用背景，利用多媒体教学设备将物理实验在生活、生产中的具体应用以图片、动画、影像的形式展现出来，并利用生动形象的语言对其进行描述与总结，使学生能够充分认识到物理实验在社会发展中的重要价值与实践意义，充分调动学生对物理实验的学习兴趣、探究兴趣与实践兴趣；教师给予学生一定自主性学习的实验，学生通过运用自己所学的物理知识对物理实验活动进行分析与探讨，设计实验过程，并对实验结果进行猜想；学生小组自由组合，针对物理实验过程与猜想内容进行讨论，在教师的指导下对实验过程进行完善，使物理实验过程具有科学性与合理性；利用多媒体设备开展"仿真实验"，并将其与真实的物理实验进行对比，让学生了解两种实验的共同点与不同点；汇总教学经验，形成完整的知识体系。

2."自主学习、合作学习、实验"整合模式

运用"自主学习、合作学习、实验"整合模式，教师应结合构建主义理论，在"同化"方式与"顺应"方式的作用下，使学生能够从自我认知结构入手，感受自我知识结构与环境的不均衡，吸引学生的注意力，激发学生的学习兴趣；教师运用简洁、明了的语言对学生进行指导，使学生能够在教师的引导下开展自主性学习活动，明确物理实验教学目标与教学的重难点；学生通过学习通用技术必修课，运用所学的知识对物理实验进行再加工，针对学习中所存在的问题开展小组讨论，教师及时参与到学生的讨论活动中，了解学生在学习中所遇到的问题，针对具体问题进行具体解答，落实因材施教；以小组为单位开展实验活动，使学生能够掌握正确的实验过程与实验方法，锻炼学生的实践能力与应用能力；对实验活动进行总结与评价，汇总实验结果，完善学生的知识体系，培养学生自我评价能力与自我管理能力，促进学生全面发展。

综上所述，通用技术必修课主要利用多媒体计算机设备以及互联网技术，将文字信息、图像信息、声音信息等多项内容进行整合，实现教学信息的数字化、一体化与系统化，使教学信息能在人机交互界面上完整地显示出来，形成平面图像或者是立体图像。运用信息技术对教学内容进行整合，实现教学信息的智能化处理，使学生能够通过运用在通用技术技术课程中所学习的专业知识解决其他课程的教学问题。

近几年来，在课题组的推动下，学校高度重视通用技术课程建设，学校建立了两个规范的通用技术教室，按课程标准要求实施教学。教师的专业能力得到了提升，学生的动手能力和创新思维明显提高。学校高中2020级、高中2021级通用技术学业水平考试过关率高达99.5%，2017年胡柳、王儒海等教师指导的郝贵龙、温权、熊畅和李进等同学在第二届全国青少年科学素养大赛总决赛中荣获2个一等奖、2个二等奖，4位教师被评为优秀指导教师。2018年，学校被评为云阳县第九届青少年科技创新先进学校，温权、熊畅和李进三位同学获云阳县第九届青少年科技创新县长奖；同时，胡柳、王儒海等教师荣获优秀指导教师荣誉称号。

第五章

校本建设

第一节　校本课程建设

高中是学生学习的重要阶段，无论是文化课程还是素质教育都处在关键节点。首先，文化课程。高中毕业就会面临着高考，此时的教学方式、教学课程对学生成绩有至关重要的影响，是未来学业道路的基础。其次，素质教育。高中阶段是学生世界观、价值观形成的重要阶段，如果对这方面不够重视，将严重阻碍学生当前以及未来的发展。无法消化接受应试化的、教条化的课本知识，对学习缺乏兴趣与热情，自主学习观念不强烈是当前学生存在的主要问题。校本课程以学生为主体，以培养学生的学习兴趣、个性能力和素质发展为目的，可以有效提高学生的学习成绩。

一、校本课程开发要基于学生的素质发展

实现学校、课程、教师、学生的共同发展是校本课程开发的主要目的。其中，教师若想得到有效发展，那么学生与课程的全面发展是基础；教学硬件设备，教学软件若想得到发展，那么学生的全面发展是基础。要想保障校本课程的顺利开展，教师的切身参与协助是关键。学校的教育成果若想得到良好发展，教师能力的不断提高是前提。然而这些工作的最终目标还是促进学生素质的提高与发展。因此，校本课程必须以学生为主体，切实将这一思想融入开发过程，才能全面、有效地促进学生素质的提高。

二、校本课程开发要基于发展学生持续学习的能力

（一）激发学生的学习兴趣，改变教育方式

传统的教学模式是填鸭式的，教师主动讲解，学生被动接收，这种教学方式严重束缚了教师与学校。教条化的方式让学生在学习过程中感觉枯燥乏味，失去学习兴趣，并且逐渐产生厌烦情绪。要想提高学生的学习兴趣，保证学生在高考当中取得不错的成绩，校本课程的开发就必须将这一问题解决。首先，在课本的内容上要作出改变，为学习增添一些选择性内容以及学生感兴趣的内容。其次，在知识的传授方式上要作出改变，这一点是最重要的，课本内容作出了调整，但是传授方式还是教条的形式，那么学生对于学习的热情将不会有太多改观。针对这方面的开发应该注意以下几点：

（1）首先要调查学生文化课程的个体差异、生活知识的了解程度和生活实践能力等，然后根据调查的相关资料制定相应的校本课程。

（2）在校本课程开发的过程中一定要抓住学生的兴趣。例如，在高中政治课程中，为了提高学生的学习兴趣，教师可以将相应的政治知识与当前的热点时事内容相结合，不但提高学生的学习兴趣，还加深了学生对于知识的理解。

（3）对学生进行分类，校本课程内容的开发要以心理发展、爱好、兴趣、年级等几个因素为依据。

（二）强化学习实践，全面培养学生的素质能力

校本课程开发主要目的之一就是使学生素质能力得到有效提高，具体应该做到以下几个方面：

（1）正确的指导方法与科学的学习策略是校本课程开发的关键。针对性、实践性是学习策略与学习指导必不可少的特征。因为只有具备了这一点才能够有效激发学生的学习兴趣，促进学生自主学习能力的形成，培养自强自信、自主独立的素质精神。

（2）实践课程模块的增加也是校本课程增加的关键点。所谓实践课程就是要在内容上多体现实用价值，重视研究性的学习内容。要想改变、革新学

习方法，课程设置是主要途径，也是提高学生成绩的基础与前提。教师应在课堂上多增加交流、合作等环节。例如，英语校本课程的开发。英语是一门综合性课程，兼具听、说、读、写等各方面的知识内容，在课程内容上切不可让学生死记单词与语法，应该多设置学生间的对话交流。如可以根据英语课文内容，让学生扮演文中的角色。这样可以有效培养学生的合作性、创造性，提高了学生的学习兴趣，加深学生的学习印象。

三、强调学生的个性化发展

校本课程的立足点是以学生为主体，重视学生的个性化差异。每一个学生的特长技能、个人喜好、思维方式都存在差异，为了与学生个性化差异相匹配，就要求在建设校本课程时实施个性化设置，这样，学生便可以从自身的爱好与兴趣出发，自主选择和自身发展相关联的个性化课程。要想有效设置此种校本课程，教师需要多与学生进行交流，了解学生个体的差异、知识掌握的程度与结构，设置符合其自身特征的课程内容。这对学生学习成绩的提高有重大帮助，可以有效保障学生的高考成绩。

教师要与时俱进，不断学习，不断提高专业技能及知识量，在掌握基础理论知识的基础之上，制定科学有效的学习指导目标，这是校本课程开发的必然要求与前提。

第二节　合 作 教 研

随着教育事业的不断发展，教育改革的不断深入，中学教育教学的质量也面临着种种新的挑战。加强管理、提高教学质量一直为教育者所追求。合作教研从加强教师合作的角度提出了通过建立某种合作的平台来扩展教师思维，开发新的教学方法。

一、合作教研的目的和意义

合作教研是指教师间通过默契配合为共同研究教学问题而采取的行为模式。在现今教育改革的背景下，学校为了谋求发展，对基层组织的创建尤为重视。合作教研立足教学研究组织，构建合作的教师文化并促进教师成为研究者，使学校教育得到更有效的发展，促进教师的专业化发展。

合作教研通过合作的模式，充分调动教师的工作积极性。教师只有合作，才能将其从配角的地位中解放出来，成为合作中的执行者。显然，在合作教研过程中，合作是一个平台，每个教师必须在这个平台上展现一些新的东西和新的想法，并力求通过合作将其执行。

二、中学合作教研的现状

中学教师经常受制于传统的教育教学思想，他们常认为教学方法因人而异，而忽略了教育方法是有一定的通用性和延续性的。在这种较为封闭的教学思想影响下，教师之间交流合作不够，缺少各种教育教学信息的获取和合作意识。另外，尽管多数中学存在教研组长领衔的教研组，但是由于教研组长缺乏威信或没有发挥其组长作用，教师之间没有开展真正的合作教研，这导致教研优质资源利用率很低，效率不高。

三、提高合作教学效率的对策及建议

1. 转变教学观念，提升合作教研意识

在中学教学实践中开展合作教研，教师首先要提高对合作教研的认识。传统教师会认为授课的好坏取决于个人能力，取决于个人的教学方法，对合作教研敬而远之，甚至有些教师因为竞争，不愿意向他人传授优秀的教学方法。提高教师对合作教研的认识，首先必须让他们认识到合作教研可以改进工作作风，提高工作效率，更关键的是，通过合作可以提高他们的沟通能力，促进教师自身的发展。学校教研组是教师专业化发展的平台，学校及教研组长需要鼓励教师到这个平台上进行展示，增强他们的教育和科研意识，提高教育科研能力。教师间形成相互学习、相互合作、密切沟通、积极探究的合作环境，教师合作摆脱了教师孤独成长的境地，调动了教师成长的积极性，有利于学校共建专业成长的氛围，实现教师的专业成长。

2. 加强人性化管理，增强合作意愿

学校及教研组长应以人为本，关注教师需求，在物质上、精神上给予足够的重视。具体应从以下几方面进行建设：建立合理的评价机制，给予工作突出的教师充分的肯定及奖励，尊重教师，使他们感受到温暖，从而提高工作积极性；创设和谐融洽的团队氛围，积极引导，让教师从感情上接受合作教研，自愿走进合作教研；营造民主平等的学校文化环境，激发团队成员的求知欲和探索精神，建立终身学习及组织学习的观念，培养其分享知识的意识，让他们感受到合作教研给他们带来的实惠等。另外，学校领导和教研组长应虚心听取教师意见，在合作教研开展的过程中，必须考虑到多种特殊情况，如个体差异、工作习惯，甚至有些人因为竞争而产生的抵触心理等。

3. 充分发挥学校高层的作用

学校管理的核心是教育教学，而教育教学质量的提高依赖于教研水平的提高。学校管理层尤其是校长和主管领导，应成为合作教研的带头人。在中学教学实践中，学校领导以及教研组长对合作教研的重视程度往往可以决定学校教学的合作程度和教学质量高低。首先，学校领导要重视自身发展和思想解放。学校领导多出身于教师，他们的教学理念往往更加传统，因此，必须坚持自我学习，紧跟时代潮流，学习各种先进的教学理念和办学方针，以最先进的办学理念和教学思想来"经营"学校。另外，学校领导还必须为合作教研建立良好的保障机制、导向机制和激励机制。

4. 在组织、制度、管理上给予合作教研保障

首先，学校要在组织上培养得力的教研组长、备课组长、科研骨干、学科带头人，让他们成为教师领导，成为团队的核心力量，引领团队的发展。其次，学校要在制度上给予保障，全面制定学校教研规章制度。教研组长可以以学校为单位，是该门学科合作教研的总负责人；备课组长可以以年级为单位，负责该年级的教学合作，他们是合作教研的具体执行人，也是落实教学工作、提高教师业务水平的重要组织者。另外条件成熟的学校，还可以建立课题研究组。研究组长则是教研工作合作的负责人和执行人。他们和教研组长、备课组长负责组织领导本学科有关教学研究的全部工作。教师应本着提高教学质量、提高自身水平的态度，遵守合作教研工作制度，积极参加各种教研活动，不断提出新想法、新见解，并交由备课组、教研组进行讨论直至推广。最后，在组织运行中，学校应健全组织的评价制度，尽力保证组织的完整，并在每学年提出合作教研的目标、过程、实施步骤、方法和责任人，提高教师的责任心和工作的目的性，从过程上对合作教研进行管理，增强合作教研的效果。

实践证明，一支高素质的、精诚合作的教师队伍有利于形成良好的教育氛围和合作意识，有利于学校教育质量的提高。合作教研对促进课程改革、教师专业提升、学校持续发展有着相当大的作用。建立合作性的工作关系是中学教学的内在要求，同时也是促进学生全面发展和教师专业发展的需要。

第五章

校本建设

第三节　创 新 思 维

　　"要么创新，要么死亡。"（托马斯·彼得斯）国家的复兴，民族的未来，教育的希望，呼唤着创新型人才。创新的核心，即创新思维。所谓创新思维就是指以新颖独创的方法解决问题的思维过程，通过这种思维能突破常规思维的界限，以超常规甚至反常规的方法、视角去思考问题，提出与众不同的解决方案，从而产生新颖的、独到的、有社会意义的思维成果，是具有一定社会价值和意义的思维方式。语文是学习各门学科的基础工具，更是创新的基础工具。作为一名肩负创新与开发的语文教育工作者，如何去完成时代赋予的这一光荣而艰巨的任务呢？语文教学对学生创新能力的激发培养关键在于激发学生的创新思维，而在语文教学中，激发学生的创新思维应着重培养学生发散思维的能力、创造性想象的能力、联想的能力以及诱发学生的直觉和灵感。

一、发散思维的培养

　　发散思维也叫扩散思维、辐射思维，是在思维过程中对所得到若干概念的重新组合，发散（辐射）出两个或更多个可能的答案、设想或解决方案。简而言之，发散思维就是多角度的、多侧面的、具有能动性和变通性的思维方式。传统的教学方法大多是填鸭式的，抑制甚至扼杀了学生的发散思维。"题海泛滥，日胜一日；答题技巧精而又精，批判思维，创新思维，日亏月损。"而那种过分依赖演绎的教学使学生跳不出教材和教师的手心，模式化的教学压抑了学生。

培养创新思维的重要任务是给学生创造一个"海阔天空"的环境和"异想天开"的氛围。根据发散思维的特点，以一个问题为中心，充分发挥学生的想象力，突破原有的知识圈和思维定式，从一点向四面八方想开，从各个不同的角度或侧面进行思考，让思维多向流动，以便获得解决问题的多种可能。在语文教学实践中，可以从如下几方面来进行培养：

第一，教学中，教师要努力尝试带领学生从不同角度理解课文，突破教材和教参的一些条条框框，突破思维定式，实现流畅性、变通性、独特性。比如《廉颇蔺相如列传》中对完璧归赵的叙述，历来为人称道，而明代文学家王世贞却对此产生了质疑，作《蔺相如完璧归赵论》全盘否定。对这种情况，教师可以在课堂上组织学生讨论，培养学生辩证地看待一些有争议的问题的意识。《读孟尝君传》，作者王安石就是这方面的成功代表，使人耳目一新，得以重新认识孟尝君其人。教学《俭以养德》时，教师可以从诸葛亮的原文《戒子篇》入手来进行教学，以本求源，从而突破常规的教学模式。这是那种拿着"手术刀"条分缕析，让学生接受支离破碎的空洞说教所不能比拟的，真正实现从不同角度理解课文，发展学生的发散思维。

第二，根据同一作文材料多角度立意。爱因斯坦说："提出一个问题比解决一个问题更重要。"在介绍《雷雨》这篇文学经典时，教师可以让学生以话剧的形式进行演出，让学生自主揣摩每个人物当时的心理活动，体会曹禺的写作意图。或者教师可以让学生介绍自己最喜欢的人物角色，提升学生的理解表达能力，从而提升学生的文学鉴赏能力。例如，教学《荷塘月色》时，教师在引导学生应用求异思维后，可以针对学生的不同特点，布置不同的作业内容，即部分语言表达能力强并拥有较强逻辑思维的学生可以尝试创作一篇散文，散文的题目、内容都可以自拟，引导学生充分发挥想象力和创造力，提升学生对求异思维的重视；而对部分写作能力和基础相对薄弱的学生，可以引导学生写一篇读后感，内容围绕散文写作手法和特点展开，加深学生的体会，使其对知识点有更加深入的掌握。

第三，对阅读材料进行仔细推敲，查看有无疏漏之处，对课文相关之处进行分析、比较、鉴赏、评价来培养学生的发散思维。例如，教授《林黛玉进贾府》时，教师可以结合文章特色，紧紧围绕贾府中各个人物的性格创设相应的教学情境，让学生根据自身对人物的理解进行角色扮演，进而让学生感受、分析人物性格。在完成情境教学的基础上，教师可以适当向学生讲解历史研究中对于贾府人物性格的定位，然后结合学生的性格分析，探究不同思考角度下思维结果的差异性，使学生对内容有更为深刻的理解，锻炼学生的求异思维能力，提升学生的综合素质。

第四，从文章的情节、层次结构、表达手法等入手来进行补充。例如，教授《项链》时，在赏析课文的基础上，教师要求学生根据人物性格特点在原有的基础上展开充分的想象，如当路瓦栽夫人在得知事情真相后，她的命运将会发生怎样的变化。又如，在教授马致远的《天净沙·秋思》时，教师让学生在充分理解该词所抒发的游子羁旅天涯的惆怅情绪之后，把它改写成一篇优美的散文，将作者的感悟诉诸笔端。

第五，对课文进行再思考，再创造。例如，教学《雨巷》时，学生对作者戴望舒的背景以及他的写作目的不了解，就会对这个诗歌有直线性的思维逻辑，虽然能从诗歌中读出作者似乎在江南水乡雨巷中等待着一个撑着油纸伞的姑娘，即使雨巷是那样凄清和寂寥，但作者依旧那样彷徨地追求着。学生大都停留在表象的理解上。可是，从当时的社会背景上来看，这撑着油纸伞的姑娘象征着作者的理想，她的一切在作者看来都是那么可望而不可即，甚至还带有一点悲剧的色彩。为了更好地理解诗歌主旨，教师可以让学生尝试对诗歌的内容进行分析研究，引导他们感受作者的情感态度，也是对学生一次进行思想教育的机会，真正达到了既教书又育人的境界。

二、创造性想象力的培养

想象是创新思维的一个重要特征，是创新思维的温床。

"想象力概括着世界上的一切，推动着进步，并且是知识进化的源泉。"爱因斯坦如是说。什么是想象力？想象力是在已有知识经验的基础上建立和创造新形象的能力。想象力是创新性思维能力的核心，人一旦失去了想象力，创造力也会随之枯竭。牛顿也指出："没有大胆的猜测，就不能做出伟大的发现。"阅读感知描写性语言时，要对语言文字有所感受，就必须进行想象，阅读语感训练的想象是再造想象，可读前想、读中想、读后想。带着问题读读想想、想想读读，都是感知语言材料的好办法。

想象力是创造的先导和基础，任何形式的创造都离不开想象。因此，必须重视想象力的培养。想象力的培养也可从如下几个方面入手：

第一，丰富感性知识，拓宽知识面，储存大量表象。实践证明，谁的知识面广，经验丰富，尤其是感性知识经验丰富，谁的想象力就丰富。常言说得好："巧妇难为无米之炊。"没有丰富的表象积累，又何来具有创造性思维的表现呢？语文教学中，教师可利用电化媒体创设情境，达到视听结合，调动多种感官参与，丰富感性知识的目的。例如，教学《孔雀东南飞》时，在学生初步熟悉课文的基础上，教师可以请学生欣赏小提琴协奏曲《梁山伯与祝英台》，让学生发挥充分的想象，通过音乐，在梁祝和焦刘之间构建起与封建礼教进行斗争的联盟。又如，教学《春江花月夜》时，教师可以让学生欣赏《春江花月夜》古筝音乐，让学生结合自己的生活感悟，想象一幅夜景，并据此想象作文，可以收到很好的教学效果。教学不能只是教师绞尽脑汁地讲授写作技巧，学生搜肠刮肚、搔破头皮地臆想杜撰，无感何以有情？无情又何以感人？

第二，充分利用语文手段，强化表象的储存。叶圣陶老先生指出："学校里的语文教学应该语言和文字并举。以语言为门径，以文字为重点，达到语言和文字都提高的目的。撇开语言教文字，是一种半身不遂的语文教学。"传统的语文教学大多走入了重文字而轻语言的"半身不遂"的语文教学的误区。

在阅读教学时，凭眼观文字，凭口读出声，凭耳接受信息，凭脑勾起想象和产生联系，形成表象，从而进行储存。阅读时应抓住语言文字描绘的表象，运用过往知识和情感经验对人物的外貌、活动细节及其变化过程乃至景物的层次、方位、距离，事物的动静、色彩、音响等进行形象的感知。在脑海里形成如见其人、如临其境、如闻其声的立体画面，使之具体、生动、形象。

当然，仅靠课内45分钟是远远不够的，还应该延伸到课外，使课内与课外有机地结合，来加强表象的积累、贮藏，可利用课前3分钟进行词语妙联、成语接龙、对对联、画脸谱等活动，还可组织开展读书座谈会、评书评报会、辩论会、阅读竞赛、摘抄、办手抄报等或定期开展读书心得交流、编讲故事、文学形象评点、影评、自改互改、自评互评作文等活动。扩大表象储存，也可以走出课堂，开展调查活动、观察活动、角色创造活动、科技小制作活动等。这些都可以培养学生的观察与想象能力，发现问题、提出问题、解决问题及动手创造的能力。

第三，发挥课文的示例作用。教师要充分利用课本，指导学生体会语言文字材料里面蕴含的境界和情调。尤其是在读描写性语言时，教师更要让学生对语言文字有新的感受，从而体会文章的意境，达到培养学生想象力的目的。

有的课文以情取胜，情在境中、境中见情，令人遐思。例如，《林黛玉进贾府》里面"赤金盘螭璎珞圈""豆绿宫绦""束发嵌宝紫金冠""二龙抢珠金抹额"等不易理解，影响学生的学习进度。教师可以选择相应的图片和视频，利用多媒体为学生播放出来，学生通过观看视频和图片，有了真实的视觉体验，更能深刻理解文章内容，学习起来自然达到事半功倍的效果。又如，在学习《兰集亭序》时，教师可以给学生展示王羲之的书法，让学生从他那刚劲有力的书法中去感受他的欢乐和感慨。通过多种感官刺激，帮助学生理解记忆，提高学习效率，塑造生动具体的形象，产生激发学习兴趣的强烈吸引力，引起学生的情感共鸣，达到移情的效果，让学生从字里行间里看出情调，加强再造想象的培养。教学中，学生可在读前想、读后想、读中想，带着问题读读想想，从而达到对语言文字深层次地感知与把握，从而实践了鲁迅先生的"从字里行间里看出字"。

第四，创造想象——想象作文训练。创造想象是根据一定目的、任务，在脑中创造出新形象的过程。创造想象与再造想象在展开想象时活跃着的都是形象的本身，而且都是根据已有的关系建立新的形象。有了前面的再造想象的积累与储存，再运用于作文之中，可谓水到渠成，信手拈来，时时展现创造想象的火花，生创造想象之果。

例如，《项链》戛然而止的结尾给人留下了丰富的想象空间，教师可以设计这样的问题：主人公将来的命运如何？为何造成如此结局？让学生展开讨论，或根据自己的理解续写结尾，诉诸笔端，既体现了再造想象，同时文中的想象也无不是创造想象之花在开放。当然，想象作文，更要让学生插上一对想象的翅膀。许多想象看起来是超现实的，他们可以想象出许多自己尚未直接感知过的事物形象，甚至创造出现实中根本不存在的事物的奇特形象，诚如诗人雪莱所言："想象是创造力，也就是一种综合的原理，它的对象是宇宙万物和存在本身所共有的形象。"这样就培养了学生的创造性思维。教学中，教师还可以让学生概括一个故事，甚至一首诗，让学生展开想象，写出具体情景、情节和人物形象，还可以根据所给作文材料，拟订开头，练习结尾，让学生捕捉创造火花，使学生充分发挥自己的创造想象。这样既放马纵横，又束之以规范，让学生的创新思维得以开发，得以发展，让学生思维之花遍地开放。

第五，培养好奇心，鼓励合理虚构（想象）。心理学家米德这样说过："一个20世纪的儿童发现，在直角三角形里，勾股边的平方之和等于弦边的平方，那么他就完成了跟毕达哥拉斯一样的创造性劳动。尽管这个发现对于文化传统来说等于零。"作为新时代的教师，更应该改变现实中那种见物不见人、见书不见人、见文不见人、目中无人的教育，要在教育中发扬人文精神和人本意识。正如曾任英国诺丁汉大学校长的中国物理学家杨福家所言："不要把学生脑袋拿来填进知识，而应把它当作被点燃的火种，教师的自身是点火种的人。"因此，对学生的好奇心的激发就成了一名教师的当务之急。好奇心是发展想象力的先导和驱动力，教师应该随时随地引导学生对任何事物都要十分留神、观察和研究，并善于思考，善于提出问题。一般来说，好奇心越强烈，想象的内容就越丰富，想象力自然也就越强。尤其是在语文教学中，教师更要鼓励学生进行合理的虚构、想象。例如教学《天狗》时就应该让学生想象一会儿把月来吞了、把日来吞了、把一切的星球来吞了，一会儿成为月的光、日的光、一切星球的光，一会儿又燃烧、狂叫、飞跑，而且在神经上飞跑、在脊髓上飞跑、在脑筋上飞跑……用天狗气吞宇宙的非凡之势来抒发内心豪情，激励学生神往。有人说过，"兴趣是最好的教师"。一个成功的语文教师，应该是一个激发学生兴趣的教师；培养学生好奇心的教师，是一个面向未来、创新与未来同在的教师。真正体现"知之者不如好知者，好之者不如乐之者"。

三、自由想象能力的培养

联想是由一事物想到另一事物，再想到更多的事物的心理过程，没有这一过程就没有迁移。正因为如此，联想被誉为智慧的桥梁、创新的桥梁。许多创新思维成果都是通过奇特的联想而获得的，瓦特发明蒸汽机，牛顿发现万有引力定律，莫不如此。

刘勰说："是以诗人感物，联类不穷；流连万象之际，沉吟视听之区。"由此不难看出，在语文学习中，联想是最活跃的创新因素，尤其是前面提到的创新作文特别需要奇特的联想。联想越丰富越宽广，就越能启迪学生作文的敏感性思维，升华作文的中心，获得独特的见解，创造出优美的意境。

语文教学中，教师一方面要引导学生分析、鉴赏、联想课文在选材立意、布局谋篇、遣词造句方面的高妙之处。另一方面要让学生学习用联想的方法理解、欣赏课文。例如，教授《沁园春·长沙》时，播放恢宏有气势的背景音乐，学生听到这样的音乐，自然而然就会激发心中的热情。随着音乐铿锵有力、士气高昂的朗读，两者配合，营造出一个青春迸发、充满斗志和信心的课堂氛围。学生在这样的氛围的渲染下，自然而然滋生出一股斗志，从而真切感受诗歌体现出来的内涵，并充分想象诗人的峥嵘岁月和雄心壮志，激发学习欲望，从而融会贯通，举一反三，触类旁通，实现知识的联想迁移。这也体现了杨振宁博士所说的"创造并不是很神秘，转移就是一种创造"。这样的教学方式使学生突破时空的限制而"思接千载，视通万里，联想无穷"，架起创新的桥梁。

四、诱发学生的直觉和灵感

爱因斯坦说过："在科学创造中，真正可贵的因素是直觉。"所谓直觉思维是运用已有的知识经验，对客观事物之间的关系进行迅速识别、直接理解和整体判断的过程，是创新思维不可缺少的部分。换言之，直觉是一种未经逐步分析便能对问题的答案作出迅速而合理的判断，或忽然领悟其答案的一种思维方式。在语文教学中，教师要诱导学生从整体上迅速把握课文和作文的思路，重视文题、中心线索的教学，加强速读、速写训练，花大力气激发学生的灵感。

灵感思维是大脑经过紧张思考和专心探索之后产生的思维质变，表现为紧张思考着的问题由得不到解决到突然获得解决的一种心理过程。钱学森教授提出："灵感是有的，但是你首先得去追求它，你不去追求它，它也绝不会自动找上门来。"这句话也道出了必须先有"踏破铁鞋无觅处"才会有"得来全不费功夫"。教学中，当学生的思维由高潮转入低潮时，教者不必急于对学生作出评价，往往经过低谷阶段的紧张思索，才会有突破性的灵感出现。紧张的思考之后，让学生放松一下，往往也会诱发灵感的产生，出现"蓦然回首，那人却在，灯火阑珊处"的效果。杨振宁教授说："灵感是一种顿悟。"而作家柴可夫斯基则对此更为形象地指出："灵感是这样一位客人，他不爱拜访懒惰者。"

《大学》曰："苟日新，日日新，又日新。"作为新时代的语文教育工作者，要不断地创新，以培养学生创新精神为己任，以激发学生的创新思维为突破点，培养学生的文化自信，奠定中国梦的实现之基，迎来"江山代有才人出，各领风骚数百年"的中华民族伟大复兴。

第四节　学 以 致 用

传统的语文教学的模式以教师为中心，以教室为空间，主要靠教者向学生灌输。作为认知主体的学生在整个课堂教学过程中自始至终处于被动接收的状态，其主动性和积极性难以发挥。如此，既不能保证教学的质量与效率，又不利于培养学生的发散性思维、批判性思维和创造性思维，也不利于创造型人才的培养。改变这种教学现状，开发与应用学以致用的教育技术，促进教育手段现代化，关键在于构建学以致用的教学结构，为实施新课标提供技术支撑。

张志公先生曾大声疾呼："学习语文，要非常快，非常明确地学以致用，学了就用。要在两个方面有点突破性的方法：一是在效率上有所突破，二是在致用上有所突破。"因此，学以致用的教学的理念就是开发现代教学技术，构建学以致用的"三段四步"教学结构，借助以计算机为主的多媒体技术广泛地应用于课堂，以提高学生的学习效率，培养学生学以致用的能力，达到"教是为了不教"的境界。

1994年，美国就将教育技术定义为：教育技术是关于学习过程与学习资料的设计、开发利用、管理和评价理论实践。学以致用的现代教学技术的开发和应用，具有以下几个特征：①教师角色的转变。教师由传统的传道、授业、解惑的传授者转变为教学活动的组织者、指导者和促进者。②学生地位的转变。学生由知识的被动接收者转变为知识的主动探究发现者。③媒体作用的转变。媒体将由辅助教师演示、讲析的工具最终转变为学生手中的认知工具。④教学过程的转变。教学过程由传统的"教者传授学生听讲、记笔记、复习笔记、考试检查"转变为"创设学习情境，学生主动探索、协商、讨论、意义建构"。

教育技术经历了传统教育技术的口语、文字、黑板、粉笔、挂图、模型和实物等发展过程，媒体教育技术（摄影、幻灯、投影、无线电广播、电影、电视和语言实验室等）现在进入了以计算机技术为基础的多媒体技术阶段，这必将给教学技术领域乃至整个教学领域带来一场巨大的变革。与时俱进的学以致用的教学技术的开发和应用，是运用现代教育理念设计并借助多媒体实现多媒化，以其多重感官刺激、传输信息量大、速度快、信息传输质量高、应用范围广、交互性强而步入课堂、走进教学、激活课堂教学的活力。

学以致用的教学技术是开发多媒体现代教育技术，构建学以致用的教学结构，遵循"渐进分化，综合贯通"的育人原则，具体化为"三段四步"。"三段"中"教"为基础，给学生以规范。"四步"以传授性学习为主，帮助学生认识特点，懂得学习方法，给学生一个看得见、摸得着、做得到的规律、方法、途径，以求诲人必以规矩，让学生可以操作。"学"为强化，是"教"的延伸与提高，以在教师的指导下的探究性学习为主，让学生根据特点，模仿"教"，尝试运用"教"的方法组织学生通过自学，训练阅读技能，让学生去探究新知。对于"教"的"四步"也应该灵活处理，应通过从"教"中走出来，以形成举一反三、触类旁通的能力。"用"在学生基本掌握技能后，独立运用所学阅读技能，大批量地阅读。灵活的层递性教学程序以研究性学习为主，教师只作适可而止的点拨，重点为促进学生研究，此时应走出"教"的程序。针对不同的文章灵活处理，不必也不应该"心为形役"。

依据"教""学""用"三段，可以按文体分成单元，以单元阅读为重点，可以分年级进行，如高一以"教"为主，高二以"学"为主，高三以"用"为主。还可以据此自编以学以致用为目的的培养核心能力的校本教材，进行系统的课程、教材改革，完全可以根据教学对象因材施教，这些无不具有广泛性、灵活性和实用性。

"四步"指具体的课堂教学结构，为预习审题、略读感知、精读理解、总结升华。"三段四步"是一个整体，它们是相互渗透、互为依托、循环往复的。具体的教学时，教师不能死板，心为形役，应充分发挥自己的主观能动性，针对不同的学生使用不同的方法。例如，教学《沁园春·雪》时，针对诗歌的文体特点和学生的生理、心理特征，在精读理解中，可以充分运用阅读教学技术，在读上下功夫，在联系学生生活实际中让学生去读、思、悟、品、读、诵，让学生于反复玩味中进入诗作的洞天福地，领悟诗歌语言的奇妙之处，自然地咂出诗歌的"个中三昧"，提高学生的阅读、感悟、赏析的能力，让学生进入作者胸有境、人境始与亲的至情至真的境界，使学生受到真善美的熏陶。又如，教学《简笔与繁笔》时，针对学生的年龄特征和学习程度，教师可以采用研究性学习，让课堂教学充分表现学生参与的主体性。再如，教学《荷塘月色》时，学生从总体升华中归纳出写景抒情散文的特征和写景抒情散文的学法，学生在教师的组织、指导和促进下，自己去查阅资料、处理信息、归纳总结，从而提高自己的阅读能力。

学以致用教学技术构建的"三段四步"有利于夯实双基，固本强基。预习审题。对于生字新词，不仅要求学生掌握大意，而且还要探本求源，从字根抓起，以扎实双基，不让其流于形式，搞花架子，形成空中楼阁，从而提高学生的语文素养。略读感知对落实单元教学重点和对文章的整体把握起到了举足轻重的作用。例如，教学《荷塘月色》时，教师可以让学生带着"课文按什么顺序来组织写作的，先写什么，再写什么，最后写什么？作者赏荷的目的何在？作者的情感是怎样变化的？"的疑问略读就落实了本单元的教学重点之一——整体感知。至于第三步精读理解，对佳词丽句的赏析和巧用修辞的教学设计，则更是落实了本单元的教学重点——揣摩语言。如此学生自然地辨析了词句的深层含义，品味出了语言的感情色彩，更好地理解了语言的表达作用，加深了对课文思想内涵的理解，逐步提高了阅读能力。假如没有这些扎实的双基教学，教学活动就成了海市蜃楼。

学以致用教学技术构建的"三段四步"有利于培养学生读书的能力，杜绝高分低能。学以致用的教学机制是以专业能力培养为核心的学以致用的教学机制，从而保证"三段四步"这一形式。

首先，它有利于培养学生搜集处理信息的能力。预习审题，学生通过对生字新词探本求源的训练，养成查阅工具书、资料甚至网上查询的习惯和能力，特别是对义项等所需资料的甄别筛选，无不对搜集处理信息的能力有所裨益。精读理解，总结联系生活实际为什么选这而不择那，日积月累，培养了学生处理信息的能力，如《荷塘月色》中对各种荷姿的择取等。

其次，它培养了学生学以致用的能力。具体化为课内向课外延伸的迁移能力。得法于课内，得益于课外。叶圣陶老先生说："语文教本只是些例子，从青年现在或将来需要读的同类的书中举出来的例子，其意是说你如果能够了解语文教本里的这些篇章，也就大概能读同类的书。"今天的课文，是明天的例子。例如，教学《简笔与繁笔》时，教师设置"课文中哪些地方以简胜繁，哪些地方以繁胜简，前面所学呢，自己的作文呢？"的问题情境，让学生立足于课堂，既看到课本，又顾及它文，还联系自己的生活。又如，学完《荷塘月色》再读《野荷》岂不是一种迁移。

再次，它锻炼了学生多种感官的协调能力。根据心理学研究，多重感官同时感知的学习效果要优于单一感官感知的学习效果。例如，视觉与听觉同时感知的信息要比单用视觉或听觉更全面，更深刻，也更有利于保持。学以致用的教学技术正是以多媒体技术为载体，在有限的时空内，让学生调动多种感官协调参与，眼看、耳听、手写，"思接千载，视通万里"，无形中强化了学生的理解与记忆。

最后，它培养了学生联系生活、调动积累、理清思路的能力。学生并非只生存在四角的天空下，尤其是信息化的今天，如何将学生的生活储存与课堂联系起来，这正是学以致用的教学技术借助多媒体的优势。例如，对《荷塘月色》中的几个传神的动词，均用不同语调加以强调，使学生体会文章从不同角度写出淡月辉映下荷塘里雾光月色、水气交融而形成的朦胧景象，了解该文章不着一个"月"字却处处有"月"的意境，学生则豁然开朗。

朱熹曰："书用你自去读，道理用你自去探究，某只是做得个引路的人，做得个证明的人，有难处，同商量而已。"作为引路的人，课堂教学的组织者、指导者、促进者，教师唯有构建学以致用的教学结构，才能实践新课标，才能全面提高学生的语文素养和效率，培养出21世纪需要的合格人才。

第五节　以学为本　以学定教

　　钱梦龙老师"最想说的"也是"最根本的、最关紧要"的一个话题就是"目前的语文教学基本上是一种'目中无人'的教育"。他深刻地揭示出当前语文教学走不出困境的一个根本原因，就是"目中无人"，严重忽视学生的主体性、学生的价值与尊严。为此，语文课堂亟待重新确立"以学为本""以学定教"的教学理念。

　　进入现代学习化社会，教师需要转变教育观念和人才培养模式，以课堂教学改革为突破口，以学为本，以学定教。"以学为本"包括"以学生的学为本""以学生的发展为本"。其中"以学生的学为本"是基础和前提，"以学生的发展为本"是归宿和目的。"以学定教"是以学生的身心发展为基础，以科学的学习方法为纲要，以发展思维、提高学习能力为主线，让学生在积极主动的学习活动中建构合理的知识结构，获得科学高效的学习方法，形成较强的学习能力。

　　"教本位"转为"学本位"。语文课堂的教学过程是教师依据教学目标，通过组织、指导学生学习，让学生在认识与实践中以教材为主要内容，促进身心全面发展的过程。教师通过组织和指导学生参加密切联系学生生活实际和社会生活实际的认识和实践活动，来促进学生身心的全面发展，为学生的有效学习服务。例如，教学《边城》时，教师让学生观看电影版《边城》，

第五章

校本建设

将学生带进明净淳朴而又笼罩着忧伤孤寂的湘西，学生不自觉地融入了"边城"，为翠翠与二佬的相悦会心地微笑，为河船上无期的等待沉默忧伤。学生投入地朗读翠翠在"温柔、美丽和平静的黄昏"里"胡思乱想"的片段，纯真幼稚而温柔多情的翠翠宛若眼前；为"怎么办吗？拿把刀，放在包袱里，搭下水船去杀了她"的离奇设想露出会心的微笑；又因翠翠"锐声喊着祖父……小小心子还依然跳跃不已"的万般柔情莫名涌动。学生自然深切地为翠翠感到寂寞而忧伤、忧伤而快乐。这让情窦初开的翠翠走进学生的心底，让学生自觉地走进《边城》文本，回归教学的本质——心灵的感应，成为真正意义上的精神享受和文化追求。这是那种拿着"手术刀"条分缕析，让学生支离破碎地接受空洞的说教所不能比拟的。如此，语文课堂应首先着眼于学生学习的实际起点，根据学生学习的实际起点来确定适合学生学习的教学起点，帮助学生走进课堂，走进文本。

"知识本位"转为"发展本位"。强调以学生发展为本位的价值观并非不传授书中知识，而是要使传授书本知识服从、服务于促进学生的发展，促进学生有个性、可持续、全面和谐地发展。把"教材的知识"转化为"老师的知识"，在课堂教学实施中再把"老师的知识"转化为"学生的知识"，打破课堂壁垒，使课堂开放。例如，在学生完成《庄子·秋水》的相关阅读之后，他们基本上都能够感受到文章语言的优美，但仍然有部分学生因不能够理解文字的实际含义，不能更好地感受和体悟文字的优雅和美好。这时，教师可以让学生进一步思考用"欣然自喜"描述自得意满的河伯，用"两涘渚崖之间不辨牛马"描述径流之大，用百川灌河来描绘河流之大，是否生动形象？再辅以适当的语言来描述文章当中描写的景象，利用多媒体教学设备向学生进一步呈现生动的视频介绍。从学生的感官入手进行相关的教学，能够使学生在充分体会语言意境的同时，更好地感受语言文字的优美和魅力，从而让智慧引领学生，帮助学生以现有的知识为起点，促进学生以问题为中心，组织学生以讨论为交流信息的方式，把学生置于开放的、多元的学习环境中，给学生提供更多的获取知识的方式和渠道，以提高学生的思维水平、实践能力为根本目的，帮助学生在研究中提升综合素质，促进学生真正成为一个发现者、研究者、探索者。

"静态"转为"动态"。以学生的学为本位的教学观和以学生的发展为本位的价值观的选择是语文教学"以学定教"的本质属性，是一个动态的过程。把"文本的课堂"转变为"体验的课堂"，变阅读课文为经历生活，根据教学内容，合理运用多媒体教学手段，变抽象为直观，化难为易，从而把学生带入宽松、愉快的学习环境，让他们更好地理解和掌握所学知识；让学生在感受情感的同时，净化心灵、涵养人文、提升境界、获得智慧，引领学生"诗意地栖居"。多媒体集文字、图像、图形、声音、动画、影视等各种信息传输手段为一体，具有较强的真实感和表现力，能简便、快捷地创设情境，在学习引导、兴趣培养、形象中进行展示。例如，学生在学习《神奇的极光》一课时，对什么是极光，极光的形、色如何，印象也不深刻，只看文字，显得有点枯燥无味。这时，教师可以通过多媒体和网络播放极光的影像，让学生直接观看极光的形、色及极光发生的过程，使学生产生强烈的好奇心和求知欲，从而激发他们学习的兴趣，探讨极光发生的原理，更深刻、更全面地理解课文。学生眼睛看着，耳朵听着，心灵感受着，多感官的刺激，声形并茂的形式，激发学生对课文产生了浓厚的兴趣，极大地提高了课堂的教学效率。又如，教学朱自清的《荷塘月色》时，为了让学生更好地欣赏课文描绘的景色，给予学生强烈的心灵震撼，教师可以借助多媒体展示宁静优美的荷塘、淡雅朦胧的月色、亭亭舞女裙般的荷叶、袅娜开着的和羞涩打着朵儿的荷花，并配以清幽的乐曲。这样的教学，不仅充分调动了学生的各种感官，使学生产生了丰富的联想和想象，也让他们对文中那寓情于景的意境有了更深刻的体会，真正体会到作者所表达的思想情感。再如，讲授《小石潭记》时，教学中教师可以运用多媒体辅助手段，让学生先欣赏一幅幅利用Powerpoint制作的小石潭美景的图片，再让学生用语言来描述自己喜欢的景象，说一说他们对所见景物的感受，然后再结合音乐、动画与文章进行学习。学生既清晰地感知了潭周围的景致美，又真正体悟了文字的韵味美。

学生有了充分的自主权去寻疑求真，其思维品质和言语品质等都将得到积极、主动的锻炼和提升，渐渐地步入"老师就要朝着促使学生'反三'这个目标精要地'讲'，务必启发学生的能动性，引导他们尽可能地去探索"之境。

以学为本，以学定教必然要求发展的全面性、协调性和可持续性，缺少其中任何一条，就不是以学为本，以学定教，也不可能实现社会全面进步和学生的全面发展的语文课堂教学建设的最终目的。

第六节　课堂以学生为本

　　《普通高中语文课程标准（2017年版）》规定："高中语文课程应帮助学生获得较为全面的语文素养，在继续发展和不断提高的过程中有效地发挥作用，以适应未来学习、生活和工作的需要。"由此可见，高中语文教学不再是单纯的应试教学，也不再是单纯瞄准高考，而是瞄准人的成长和终身发展，是为了学生的终身学习打基础，也是人本教育的基本体现。语文教学呼唤目中有"人"的教学，需要重新确立"课堂以学生为本"的现代教学理念。

　　现代学习化社会需要培养适应现代学习化社会的具有国际竞争力的新型人才，需要教师顺应时代发展的要求，转变教育观念和人才培养模式，以课堂教学改革为突破口，与时俱进，坚持以学生为本。以学生为本的教育观源于古希腊的自由教育，其核心是充分尊重学生在个性、兴趣、爱好、能力、特长等方面的差异，因材施教。深化课堂教学改革，使现代课堂教学在为学生今天的学习（或成长）服务的同时，还要为学生明天的可持续发展奠基。"以学生为本"应成为课堂教学的基础和关键，并坚守"学生是主体"的理念，形成一种民主、平等的新型师生关系。课堂上，学生无须正襟危坐，不必洗耳恭听，无须规规矩矩地举手等待喊到才能发言；可以直抒己见，可以相互争辩，甚至可以哭，可以笑，可以拊掌，可以向课本、向教师质

第五章

校本建设

询。在这种氛围中，教师对学生没有强求一律的规则，没有"齐步走"的要求，只有师生相互尊重的平等对话、自由的讨论；在这种氛围中，教师和学生都遵循"不唯书、不唯上、只唯实"的原则，教者诲人不倦、循循善诱，学者学而不厌、孜孜以求，课内外充满和谐与温馨。

现代教学要求教师的教学工作不仅是传授知识，也不仅是传道、授业、解惑，更重要的是组织和指导学生学习。组织学生学习，指教师要组织学生参加课内外的一切学习活动、实践活动和社会活动；指导学生学习，既包括教师在课堂内"教学生学"的传授知识的工作，又包括教师对学生在课内外的一切学习活动、实践活动和社会活动中所进行的传授、点拨、启发、暗示等有意识的指导工作。此外，现代教学还要求教师通过组织和指导学生参加密切联系学生生活实际和社会生活实际的认识与实践活动，来促进学生身心的全面发展。当然，强调学生本位并不否认教师在现代课堂教学中的主导作用，而是要明确现代课堂教学首先是为学生的有效学习服务的。"以学生为本"的现代课堂教学应首先着眼于学生学习的实际起点，根据学生学习的实际起点来确定适合学生学习的教学起点，帮助学生走进课堂、走进文本、走近主人。首先，挖掘学生的潜能，激发他们的力量，变"问题学生"为优秀学生。例如，教学《再别康桥》时，为了让学生充分感受到作者的情感变化，教师可以通过多媒体视频让学生一边听着声情并茂的朗读，一边用心体会文章的思想感情。又如，在教学《我有一个梦想》时，教师可以设计一份小问卷，包括自我评价和小组互评两部分，由学生自己和组员分别完成，测试的内容是学生"梦想"的情况。通过主、客观两方面的调查，每个学生的梦想都可以得到比较客观的评价。有了这个基础，再开始授课；这篇课文结束之后，还可以组织一个"拥有梦想"的活动，要求学生以如何实现梦想为基础，发表自己的意见。再如，学习《装在套子里的人》时，教师提出的问题是"为什么说别里科夫是装在套子里的人"，这个问题难度较高，教师可以要求学生以小组为单位展开讨论，充分利用小组合作的教学模式让学生畅所欲言，开启自己的创造性思维，取得了较为理想的效果。其次，要营造开放的课堂氛围。开放性是创新性的前提，教师要从学习形式的开放性、学习空间的开放性和师生关系的开放性等方面进行努力。课堂是学生生命的组成部分，努力提高单位时间内的学习效益，就是尊重学生生命的具体表现，就是提高学生生命的质量。教师讲课应起到答疑解惑和启发诱导以及培养学生创造性思维的作用。

小说课堂教学应当服务于学生的发展，促进学生的全面发展，应是"不悱不发"而不是生硬的"填鸭式"的灌输。以学生为本，既要着眼于课本知识的落实，更要关注学生的成长发展，应把文本的课堂转化为经验的课堂、生活的课堂，启迪智慧，催生思维，启蒙思想。例如，节选自《红楼梦》中第三十三回和第三十四回的《宝玉挨打》，即"手足耽耽小动唇舌，不肖种种大承笞挞"，"情中情因情感妹妹，错里错以错劝哥哥"。"宝玉挨打"是小说上半部的一大高潮，写出了宝玉和整个封建势力的矛盾日益尖锐，随着文中导火索的铺设引发了这一场不可避免的冲突。为了让学生对课文有整体的把握，就得给他们理清思路。教师可以首先设计激发学生阅读兴趣的导语："《红楼梦》以惊险情节见长，其艺术成就及思想价值均达到了我国古典小说的极致。我们这两节课就以小说中'宝玉挨打'的片段为例，体味其情节波澜的设计之妙。"然后先以导读为主，教师让学生对小说赏读的一般规律进行阐释，指导学生遵循规律，理出全文线索。最后以讨论为主，教师提出恰当准确而富有挑战性的问题，在学生讨论时可进行点拨式赏析指导，充分发挥学生的主体参与意识，创设探讨氛围，提高学生的赏析审美能力。这样借助教师的教学激活知识和播种活的知识，通过学生积极、主动的思维和创造性的探索活动，使"学生的知识"获得"生成和生长"。当然，一个班的学生有些问题少一些，有些问题多一些，是正常现象，教师必须认识到这只是暂时的现象。教师可以分层次提出问题让学生根据自己的能力思考作答。不论是哪一部分学生，教师都必须对每一个学生负责，做到一样热爱，一样关心，一样对待，一样表扬，让每一个学生都能感到老师的感情，在课上有所收获。

课堂教学的对象是一群成长中的孩子，而以学为本的教学思想，实际上就是知识的人本化，是以学生的认知与重建为前提的。一堂课的质量，不是看教师讲了多少，讲得多精彩，而是看学生能获取多少，能启迪多少，有多少能帮助学生成长的知识与智慧。"教学相长"应该是一个生动的概括。课堂，只有让学生动起来、活起来，才不失一堂"以学为本"的有效课堂。例如，在学习鲁迅的小说《祝福》一课时，对于祥林嫂之死，学生展开了热烈的讨论。"祥林嫂是道貌岸然的鲁四老爷害死的""是柳妈害死的""是恶狼的过错""是在庙里捐门槛不成的巨大打击下而死的"……学生各抒己见，为彼此的观点找论据、提不足。教师根据课堂上学生学习的实际反馈情况再作出动态的、实时的调整，然后，在师生的共同讨论中得出"是罪恶的封建制度残害人"的共识，水到渠成地实现了教学目的，从而培养了学生独立思考和自学的能力，促使学生养成了良好的学习习惯，有助于学生学习，有利于促进学生个性、可持续性、全面和谐发展。

学生是课堂的主人，是课堂的主体，要充分体现学生的学习过程，将合作性学习与探究性学习融为一体，因此教师要引导学生有效地完成学习任务。例如，在教学《赤壁赋》时，教师提供背景资料和进行理性分析诚然重要，但要想真正让学生亲近作品，更重要的还是教师自己要忘我地投入文本，即"入境"袒露自己的心声，与作者真情交流，将作品和人物的美感充分演绎出来，以此感染学生，引导学生用心与作品对话，而不是告诉学生诸如作品美在哪里之类的理性知识。教学时，教师可以先选读林语堂的《苏东坡传》和余秋雨的《苏东坡突围》，以深情的语调向学生介绍苏轼少年时即以策论名满天下，成年后却因同情民生疾苦、从实际出发、坚决维护老百姓利益而先后触犯王安石和司马光，因而一再遭受贬斥的经历，再读他苦涩中见旷达的日记小品，颂"莫听穿林打叶声，何妨吟啸且徐行"的名句，或怀念亡妻"不思量，自难忘"的款款深情，乃至带着神往之情模仿苏轼豪迈飘逸的笔迹……从而在学生面前树立一个有血有肉、可亲可敬的东坡居士形象，而绝不只是硬塞给学生一个高高在上、遥不可及的文化偶像，要他们顶礼膜拜。当学生有了这样的认知和情感准备后，投入地吟诵体悟"浩浩乎如冯虚御风，而不知其所止；飘飘乎如遗世独立，羽化而登仙"才可能是自觉而真挚的。如果学生对作者产生了强烈的兴趣，他的字号、籍贯之类的知识还有必要强迫他们死记吗？这时教师就可以带领学生感知那些经历千百年时间洗礼依然炽热高贵的灵魂，和他们一起探讨如何秉笔直书自己的历史。

课堂不仅要解决学生的问题，更要激发学生提出问题。课堂上要解决学生的问题，教师就必须了解学生，学生中的问题是一个人的问题还是多数人的问题，是记忆性知识问题还是理解知识性问题，是基础知识问题还是提高创新问题。例如，在《荷塘月色》教学中，学生对"我悄悄地披了大衫，带上门出去"不好理解，教师就可以通过文中描绘的那一幅幅绿叶田田、荷花朵朵、清香缕缕、月色溶溶等清新美丽的景象，要求学生通过朗读体会淡淡月色下荷花的飘忽，水气、叶色、月光交相杂糅的朦胧。朗读前先让学生听教师范读体会该怎样读，才能让学生正确把握意境，让学生讨论后再明确：语气要舒缓，语调要适中，停顿要合理，这与作者想排遣心中烦恼、月夜独游荷塘、陶醉于美景中的情境相吻合。读重叠词，就要读得轻缓舒徐，音律要更协调。但是语调中不能带有压抑和沉郁，更不能太活泼轻快。感情重音的把握还应落在文中几个富有极强表现力的动词上，读出动作出现的过程美，体会其无可替代之效。运用比喻、拟人、通感等修辞手法的语句，更要让学生细心品读安谧、恬静、柔和、朦胧之美及作者已陶醉其中的那种细腻的情感。学生自然悟出《荷塘月色》中的第一段"我悄悄地披了大衫，带上门出去"的"带"就值得玩味，既与全文宁静气氛相一致，又道出作者淡淡的忧愁，恰到好处地表达了文章呈现的这种主客观情境，蕴含"轻柔""随意"双重意味。爱子即将入睡，妻子正"迷迷糊糊地哼着眠歌"：容不得发出任何响动。综上所述，只有课堂难度适中，学生才有思考的空间，才能去探讨问题的解决方案，解决学生问题，有助于让学生提出带有一定质量的问题。上课形式优劣的标准唯一，即是否让全体学生都积极参与和是否能有效提高课堂效率。

　　以学生为本，必然要求发展的全面性、协调性和可持续性，缺少其中任何一条，就不是以学生为本，也不可能实现社会全面进步和学生的全面发展。以学生为本作为科学发展观的重要内容，反映了当今时代发展的客观要求，赋予发展丰富的、科学的时代内涵，为实现社会全面进步和促进人的全面发展奠定了坚实的价值基础。所以，开发学生的学习潜能、塑造学生的健全人格、促进学生的全面发展是"以学生为本"的现代课堂教学的最终目的。

第七节　魅力课堂

虽然语文在高考中占据重要的地位，但因为学生在分数上拉不开差距，又不能吹糠见米，因而学生误认为语文学不学一个样，练不练没差别，使语文课堂丧失了吸引力。

教师为教知识所累，为分数、排名所累，学生为高难度知识所累，为考试所累，教师教得乏味，学生学得无趣的状况比比皆是。当学生真正爱上语文学习之后，语文课堂才是真正充满魅力的。

课堂有魅力，学生就喜欢聆听教师的教诲。正所谓"安其学而亲其师，乐其友而信其道"。按《现代汉语词典》的解释，魅力是指很能吸引人的力量。魅力课堂以尊重人的情感体验（快乐与积极）为出发点，目的是为学生的学习注入动力，从而激发学生的学习活力，达到学习高效的目标，实现以文育人。

魅力课堂，乍一听，高大上。《中国教育报》把课堂分为三个等级：有效课堂、高效课堂和魅力课堂。魅力课堂，可谓至高无上。可我们静下心来回忆一下，《公西华侍坐》算不算魅力课堂？其实，魅力课堂早已有之，俯拾皆是。事实上，魅力课堂就在我们身边，我们正在时不时地演绎课堂魅力。

做一位有魅力的教师，上有魅力的课，每一位教师都有自己心中的魅力课堂，每一位教师也都在追求着自己的课堂魅力。

那么，教师如何去提升课堂教学魅力？又怎样使课堂真正成为助推师生教学成长的磁场呢?

（1）创设情境，激活兴趣。魅力课堂是"引力场"，魅力课堂是"思维场"，魅力课堂是"情感场"，让我们努力去找到魅力课堂价值追求的发力点，即通过探究"提高课堂学力"的途径，探讨"激发学习活力"的办法；深究"增强教学魅力"的策略，提高学生的学力；推动学生思维的发展、灵性的生长，激发学习的活力；培育学习的激情，激活学生成长的动力；增强教学魅力，提升教师品味，提高语文的趣味性，建立良好的师生关系，实现以文育人，立德树人。

（2）兴趣是最好的老师。蔡元培先生曾经这样说过："教书，并不是像注水入瓶一样，注满了就算完事。老师上课充满激情、关注学生，就会激发他们对知识的渴求、学习的兴趣，从而有效调动学生探究问题的主动性和积极性。最重要的是引起学生读书的兴味，做教员的，不可一句一句，或一字又一字的，都讲给学生听。抓住提问的兴趣点，兴趣点就是能够激发学生学习兴趣，促进学生思考理解的知识点。由此提问，可以激发学生的求知欲望，发挥非智力因素对教学的促进作用。最好使学生自己去研究，教员竟不讲也可以，等到学生实在不能用自己的力量了解功课时，才去帮助他。"教，是为了不教。例如，古文《归去来兮辞》，教师就可以要求学生带着数月后才回家的心情来朗读，就有了"归去来兮，田园将芜胡不归？既自以心为形役，奚惆怅而独悲？……"的情感。又如，在《林黛玉进贾府》的教学过程中，教师可以在教学之前构建与主人公经历类似的教学情境："如果同学们想要去吃西餐，但却不懂西方的用餐礼仪，需要怎么做呢？""在用餐的过程当中可能会遇到什么样的情况？"在学生对这些问题进行有效思考和回答之后，教师就可以进一步引出"林黛玉只身一人来到素未谋面的外婆的家，在高门大户的贾府当中的繁多的规矩的约束下，言行举止都会受到别人的关注，甚至会因为行为不当而引发别人的嘲笑和讽刺。这时，林黛玉应该怎么做呢？"然后通过微视频向学生展示林黛玉进贾府的影片，让学生详细地观察林黛玉进贾府之后的举动，并让学生进一步思考林黛玉这么做的理由。学生在良好的氛围当中各抒己见，同时，学生也能更深刻地感受到文学作品和语文学习的魅力。

学生对知识、问题产生了兴趣，受好奇心、求知欲的驱使，自觉调动思维进行脑力劳动，在不断地自主探索中使学习成为他们自己真正的内需。教师在课堂上最重要的工作是激发学生的学习热情，关注学生的自我学习，把学生的所有表现收入眼底，推进学生多样化学习。如果教师只想着完成教学任务，而不关注学生在课堂上产生的信息，那是教师课堂教学的悲哀。教师要善于激发学生、推动学生主动成长。"教是为了不教"，教师要培育学生的志趣，激发学生的人生追求，努力把学生培养成学习的主人、发展的主人。教师要善于激励学生、唤醒学生、感动学生，给学生以成长的力量，让课堂成为学生成长的动力场。

（3）微笑教学。微笑的人最有气质，微笑在师生关系中极其重要，在课堂中更是如此。美国的心理学家罗杰斯认为："成功的教学依赖于一种真诚的理解和信任的师生关系，依赖于一种和谐安全的课堂气氛。"学生是敏感的，容易受教师情绪的影响，而情绪又是由表情所传达的。面对教师的微笑，学生首先感受到了轻松，也感受到了愉悦。这样就为课堂创造了一个轻松和谐的氛围。

例如在《失街亭》的教学中，"请同学们跳读课文，从'失街亭'看，马谡是个怎样的人？""第一段马谡开口就说'某自幼熟读兵书，颇知兵法。岂一街亭不能守耶？'不难看出，马谡是一个骄傲、狂妄自大的人。""哦，自视很高，狂妄自大——这是你的观点。谁还能补充？""我觉得他是一个死读兵书的人。因为只会纸上谈兵，不知道因地制宜。""哦，不错，你的意思就是他是一个死守教条的人。那谁还有不同的意见？""我觉得马谡也不完全像他们所说的那样。失街亭后，他自己绑了，负荆请罪，说明他是一个敢于承担责任的人。""好！兵败之后不投降、不逃避，这是一个言而有信、勇担责任的马谡。我觉得大家读书越细致，观点就越个性化。从前面的文字里能否读出马谡性格的其他内涵？""他也很勇敢，对来犯之敌毫不畏惧，而且以全家性命做担保，心中只有国家，没有自己。""简单地说，他是一个勇敢负责、无私无畏的人。"教师在回应学生的回答时，可以用更强烈的鼓励式方法激发学生的主动性，学生在得到肯定和鼓励后会更积极地参与到课堂中。

如此，当教师始终把温馨的微笑送给学生，始终把尊重的语言送给学生，始终把中肯的评价送给学生时，就创造出了轻松和谐的课堂教学气氛，完成对马谡人物性格的探讨。

一个赞许的手势，一个鼓励的微笑，使学生体会到老师对自己的鼓舞和信任，感受到老师与自己心灵的交流，从而形成民主、平等、温馨、和谐的教学氛围。恰到好处的激励，可以在学生心中点燃求知的火花，使学生感受自信的力量。合理运用激励性评价，可以促使学生凸显个性、全面发展，为今后的成长奠定基础。

文章不是无情物，老师不是无情人。刘勰在《文心雕龙》中有一句"登山则情满于山"，于漪老师也说："激情是语文老师的必备素质。"俗话说干一行爱一行，如果说教师自己都不爱教育这个行业，都不能做到在课堂中全身心投入，那有什么资格抱怨学生上课不积极、不认真呢？所以教师要充满热情，带着饱满的情绪出现在学生面前。教师上课积极认真，学生才能积极认真。心理学研究表明，情感在智力发展中所起的作用是巨大的，人在情绪饱满的状态下，对新知识的接受速度是最快的。教师应该在课堂上用激情带动全场，用激情感染学生，从而使学生投入课堂活动中。

例如《巴尔扎克葬词》一课，教师可以播放罗丹的雕塑《巴尔扎克》，然后让学生从文中找出所有给巴尔扎克的称谓词，再请学生挑一个最合适的称谓给巴尔扎克，并说明理由。"惊人的、不知疲倦的作家""哲学家""思想家""诗人""天才""精神统治者"……这时，"请同学们从文中找出一句话，或改编、自创一句话作为给巴尔扎克的献词"，并出示："你是承受苦难、净化灵魂的大丈夫。""你走了，人间喜剧依旧没有落幕。"

称谓也好，找赞词也好，都立足于文本，从文本出发，让学生"披文入情"，对"惊人的、不知疲倦的作家""哲学家""思想家""诗人""天才""精神统治者"这些称谓独特的个性化的理解，说明学生联系了自己的阅读经验，扩大了自己的阅读感受。学生在根据自己感悟最深的一句话改编或自创赞词时，有的说："巴尔扎克是一个令人们思考活着的真义的人生坐标。"有的说："巴尔扎克是一个比武力统治者更伟大的精神统治者。"……学生在特定的语言环境中根据特定的问题提示作出思考，表现出语文课堂教学的魅力。

（4）好孩子是夸出来的。如果一个学生生活在批评之中，他就学会了自我怀疑；如果一个学生生活在恐惧之中，他就学会了忧虑；如果一个学生生活在讽刺之中，他就学会了自闭；如果一个学生生活在鼓励之中，他就学会了自信；如果一个学生生活在表扬之中，他就学会了感激。正面的鼓励比反面的批评效果会好很多，学生在受到老师的夸奖后，会更加喜欢这门课，喜欢学习。所以教师应该多发现学生的闪光点，多进行正面的引导。鼓励的力量是无穷的，它会给我们带来意想不到的效果。因此，多夸夸学生吧，让他们沐浴在赞美中。

例如，教学《扬州慢·淮左名都》时，联系现代国学大师王国维的《人间诗话》中的"南宋词人，白石有格而无情""古今词人格调之高，无如白石。惜不于意境上用力，故觉无言外之味，弦外之响""虽格韵高绝，然如雾里看花，终隔一层"。"就这首词而言，你同意王国维的看法吗？这首词是不是如王国维老先生所说那样，就真的是无情吗？""我不同意王国维的说法。因为这首词中虽然诗人并没有直接表达他的感情，但是诗人在描写景物的时候已经融入了他的感情。""从哪里可以看出呢？能不能结合具体的词句来说说？""'二十四桥仍在，波心荡、冷月无声。'描写的景物如二十四桥河水，还有月亮就给人一种伤感的感觉，有几分'此时无声胜有声'的味道。""好，分析得不错。特别是'此时无声胜有声'很有味道。还有没有其他同学来说说吗？""我也不同意王国维的说法。我就觉得'二十四桥仍在，波心荡，冷月无声'就很有'言外之味，弦外之响'。诗人只说桥、河水和冷月，看起来似乎很平常，但细细品味，会让人油然而生黍离之悲。""是的，这里颇有几分'国破山河在，城春草木生'之感。可以再具体分析一下吗？"学生侃侃而谈："这里只有景物，却没有人，而且

'冷月无声'使用了拟人的修辞手法，更能表现出扬州荒凉的景象。也就是说诗人虽然没有明说，但却能让人产生无尽联想，我觉得这便是言外之意，弦外之音。""好！分析得很好。刚才两位同学都可以说是姜夔的铁杆粉丝，如果姜夔泉下有知的话，一定会称你们为知己。难道没有王国维先生的知音吗？""我同意王国维先生的观点，我就认为这首词确实读起来如雾里看花，终隔一层，比如他写景似乎只是点到为止，但我觉得这就是姜夔诗词的特点和风格。"

从这段师生对话中，我们明白，在阅读教学中师生属于平等的地位。在这里，教师先把自己的阅读知识和阅读经验分享给学生，然后成为平等对话中的首席，与学生构成垂直性的互动。尽管对王国维先生的观点提出了不同看法，分别说明了自己思考的结果，"给人一种伤感的感觉""让人油然而生黍离之悲"，语言表达不同，但情感的指向是一样的。虽然对文本的理解在范围和程度上存在着差异，但可以相互启发，这种对话可以"彼此拥有他人的片段的信息，从而引起同样的情感与经验，产生知识，是'彼此共振'"（钟启泉《学科教学论基础》）。不愤不启，不悱不发。正是在这种"愤""悱"中的互动形成了一个开放、丰富的学习环境，使得多种观点能够在同一个环境中得到聚集和碰撞，得到转化和提升。教师的启发诱导、中肯点评、衷心点赞，让学生从会学到乐学，促进了学生的发展，也印证了"良言一句三冬暖"，因此教师不要吝啬赞语，哪怕是善意的谎言。

行为科学的研究证明，一个人在没有受到刺激的情况下，他的能力仅能发挥20%～30%，如果受到充分的激励，能力就可能发挥80%～90%。对学生进行激励性评价，可以促进良好课堂教学氛围的形成。教与学是师生情感和思想交流的双边活动，教师可以采用多元的激励评价方法使学生积极主动地投入学习，从而较好地完成教学目标。

孔子曾经说过："知之者不如好之者，好之者不如乐之者。"在风趣的课堂上，教师诙谐幽默的语言可以提高学生的学习兴趣，创造出轻松愉快、和谐融洽的教学氛围，让学生主动地、积极地学习。在学生答错题时，教师幽默的评价可以缓解学生的紧张。在意外情况出现时，教师机智地处理可以让课堂回归正轨。在挖掘教学中的趣味因素时，教师应注意遵循规律，保证课堂教学质量，旁征博引，调动学生的学习热情，使学生乐学、会学、爱学。例如，讲李白的浪漫主义和杜甫的现实主义诗歌的时候，可以这样对比：李白"天生我材必有用，千金散尽还复来"，而杜甫则是"囊空恐羞涩，留得一钱看"，你们要多结识李白这样的朋友啊，杜甫太孤寒了。这样一来，就激活了课堂的气氛，使学生在轻松愉快的氛围中对古典文学产生了浓厚的兴趣，同时也形象地认识了浪漫主义和现实主义的区别。

又如《勾践灭吴》，文章很长，也枯燥。其中有这样一段："将免者以告，公令医守之。生丈夫，二壶酒，一犬；生女子，二壶酒，一豚，……"突然问："为什么生男与生女的奖励不一样？"生答："重男轻女。"教师接着问："奖励的区别在哪儿？"生答："一狗一猪。"问："为什么如此不同？"生答："狗比猪好，狗肉比猪肉好吃，吃狗肉是一种身份地位的象征……"学生的积极性就上来了。

再如，《林黛玉进贾府》，说到迎春，曹雪芹用了一个比喻"腮凝新荔"来形容她的脸色，红润的脸颊宛如新鲜的荔枝。到这里就可添加一句："美女之脸当然如荔枝肉，不能像荔枝壳。"这样一点，学生对迎春的印象就更深了。《为了忘却的记念》一说到柔石最后身中十弹而牺牲的时候，学生各个都神情十分凝重，为了缓和一下气氛，"画蛇添足"地说道："如果是狡猾的敌人，肯定是中了一弹就倒下，或者还没中弹就装死。"学生在微笑中稍微缓和了一下课堂的气氛，同时也加深了对反动派的痛恨。《药》中鲁迅描写康大叔的那段，一个浑身黑色的人，眼光像两把刀，把老栓刺得缩小了一半。为了让学生对缩小的夸张有更好的理解，教师完全可以补充："你们可要好好遵守纪律喔，要不班主任的眼光可像一把刺刀，把违反纪律的同学刺得缩小三分之二！"学生就会对此修辞手法有深刻的印象，同时也在课堂教学当中渗入了纪律教育。

魅力课堂，教师要善于创设课堂教学的最佳情境，设计最有趣的问题，教师精讲要风趣幽默，让学生沉醉在课堂里、享受在课堂里、快乐成长在课堂里，让课堂成为深深吸引每一个学生的引力场。

教师的"乐教"精神是影响学生"乐学"的外部动力。古人云，过犹不及，如果一节课总是在欢笑，那就偏离了教学的宗旨。无论哪种教学模式，或严肃或温情或春风化雨，其根本目的在于推动教学的车轮，鼓起教学的风帆，使师生互动，让教学和谐。反之，偏向一方或两手乱抓都是不恰当的、生硬的。

"知识是水，魅力是舟"，教师的魅力需要有渊博的知识才能显示出迷人的风采。学生对教师的好感不是凭空而来的，在学生心中，教师应该是无所不知的，是可以解答许多问题的，现实生活中那些有着丰富知识的教师总是深受学生的喜爱。所以教师应该不断学习，丰富自己的学识。

例如，教学《项脊轩志》一课时，"震川之文，每于不要紧之题，说不要紧之语，却自风韵疏淡"，桐城派的主要代表人物姚鼐曾这样评价归有光的散文，你能理解这句话吗？"不要紧之题"是指题材，即文章的写作内容，具体到本文就是平常的生活琐事、平凡的生活场景；"不要紧之语"是指语言，指文章的用词用句。这句话是说归有光善于选择平常小事、平凡场景，用平淡的语言来表现情感，文章风格少雕饰、尚自然、少约束、尚闲散。我们能从文章的哪些语句读出"不要紧之题"和"不要紧之语"呢？"东犬西吠，客逾庖而宴，鸡栖于厅。""庭中始为篱，已为墙，凡再变矣。""庭有枇杷树，吾妻死之年所手植也，今已亭亭如盖矣。"

教师先引用清代姚鼐评价归有光的散文的话作为依据，让学生圈点勾画课文，进行印证。学生朗读语言、理解语言、感悟语言、升华情感。例如，对"东犬西吠，客逾庖而宴，鸡栖于厅"的品评，三个短句的镜头感很强，把分家后的混乱嘈杂表现得淋漓尽致。又如，"庭中始为篱，已为墙，凡再变矣"这句话，引导学生把握句子的内容和情感：作者对家道没落衰败的现实，即怨恨又无奈，只能在客观的记述中抒发深长的感叹。教师可以深入一层引导学生："你觉得这个句子中的哪个词最富表现力？"由"篱"到"墙"表现了情感的隔膜越来越大，于是，句尾的一个"矣"字，像一声叹息，表现出了作者的无奈与悲凉。"庭有枇杷树，吾妻死之年所手植也，今已亭亭如盖矣"，这句话没有一个字言及思念，但思念之情却表现得深挚感人。妻子死后，这亭亭如盖的枇杷树就是归有光寄托和倾诉情感的唯一对象了，此时，树就是妻子的化身，睹物思人。此时此刻，教师可引出："十年生死两茫茫，不思量，自难忘。千里孤坟，无处话凄凉。"这就充分彰显出由文句到词句，相互照应，得完备之体——"得体"；文意是悼亡，词意也是悼亡——"得意"；文意表达了怀妻之情，词意亦是——"得情"；品评文句形成了几多哀愁、几多相思、几多离苦的意境，再拿词句来吟诵，形成了一种特定的课堂教学氛围——"得境"。

（5）亲其师，信其道。用叶澜教授的话来说，就是真诚。"真诚是人格魅力的基础。"学者谭玲认为：第一，具有人格魅力的教师能够激发学生奋发向上的积极性并发掘学生潜在的素质；第二，具有人格魅力的教师能够与学生建立严师益友的关系并以此促进教学相长。学者李本义认为：教师的人格魅力有利于建立和谐的人际关系，有利于树立教师的威信，有利于加强教师的榜样作用，有利于学生的成长和成才。

教师要善于以情动人、用情说话，要重视建立良好的师生情、生生情、生本情。在良好的氛围、友好的情感中对话交流，让课堂成为相互感动、难以忘怀的情感场。

俗话说，懒婆婆带出勤快媳妇。为人师者要学会"偷懒"，充满智慧的"懒师"能培育独立、自信、智慧的勤学生。该说的少说，不该说的别说，把时间多留一点给学生，让他们说一说、议一议、读一读、写一写。课堂上教师不是讲得"少"，而是讲得"精"，讲得"好"，讲得"有序"，不是就题讲题，而是要由题生发讲，指导学生应用理论知识解决实际问题。问题少、容易懂，教师就可以少讲；问题多、不易懂，教师就可以适度多讲。课堂要成为学生的舞台，让学生积极展示、发挥，让学生学会合作、探究，让学生找到自信，品味探索的过程。

有魅力的课堂能将教学内容与学生生活之间暗藏的"契合点"呈现给学生，唤醒学生封存的记忆，激发学生沉睡的潜能，让学生去发现、去探索，让每一节课都变成不可重复的激情与智慧的生长过程，这就是真正的魅力课堂。课堂是教师的立身之地。越是钻研课堂，越是觉得有滋味，越是感到要读的书还有很多，要研究的问题一个接着一个，这就是魅力课堂赠送给教师的礼物。

魅力课堂是开放的课堂，在开放中开阔视野；魅力课堂是分享的课堂，在分享中展现精彩；魅力课堂是快乐的课堂，在快乐中幸福成长。

第八节　研究性学习

　　语文教学中的研究性学习是指学生在教师的指导下主动去研读语文材料，通过已有的知识和新知识的整合，通过理论与实践的结合来掌握语文规律，获取语文知识，实现自身的提高与发展。在语文课上进行研究性学习，必须做到"导者，多方设法，使学生能逐渐自求得之，卒底不待教师教授之谓也"（《叶圣陶语文教育文集》，教育科学出版社1980年版179页），其中重要的是确立学生参与的主体性。

　　传统的语文教学，教师的行为具有明显的包办性，即教师的讲解、演示代替了学生的表达与练习，整篇文章都被教师拿着一把"手术刀"条分缕析地讲解，学生在课堂上则成了接收支离破碎空洞说教的容器。21世纪的课堂教学，教师应该去组织学生学习，去指导学生发现问题，去激励学生大胆地探索，去促进学生寻求合理的答案；21世纪的课堂教学，学生应该在学中发问，在疑问中查阅资料，去验证，去研究，去创新。叶圣陶先生早年也曾指出："上课做什么呢？在学生是报告讨论，不再是一味讲解。"可见，研究性学习是与叶圣陶老先生教育思想的交融。现以人教版高一教材《简笔与繁笔》为例谈谈两者的融合。

　　首先，单元训练重点的落实由学生根据自己的实际情况进行选择。叶圣陶老先生说："看整篇文章，要明白作者的思路。思想是有一条路走的，一句一句，一段一段，都是有路的。这段路，好文章的作者是绝不乱走的。

看一篇文章，要看怎样开头的，怎样写下去的，跟着它走，并且要理解它为什么这样走。"（《叶圣陶语文教育文集》，教育科学出版社1980年版144页）。本单元的训练重点是"把握文意，理清思路"，从前面的学习中，学生已经知道理清文章思路的方法有二：一是借助标志——上下文照应，衔接的词语；二是各种文体的特点。学生自己去阅读文章，通过揣摩发现：本文与前几篇课文不同，本文的思路应根据议论文的文体特点为提出问题和论证问题的总体结构。"可以具体地谈谈吗？"学生进一步阅读、分析，于是就有学生答道："第1～3句为第一层，提出观点，第二层为第4～10句，论证观点。它们之间的关系是证明与被证明的关系。""仅仅如此吗？"学生在愕然中深入地阅读、思考、讨论，终得出"4～7句为第一小层，讲道理，8～10句为第二小层，摆事实证明"。这样，层层剥笋，把阅读的主动权还给学生，让学生在教师的指导下主动地去研究，让学生在阅读中去发现，让学生在交流中去修正，让学生在讨论中去补充，让学生在争论中去完善，在真正意义上实现学生和作者之间以"文本"为中介的对话，而不是与教师的对话，使学生成为阅读的主体，读本成为阅读的客体，教师成为学生的帮助者、促进者，体现"语文教材无非是些个例子"（《叶圣陶语文教育文集》，教育科学出版社1980年版152页）。

其次，解决问题由学生在教师的指导下，经过自己的反复思考来进行。学生在理清了思路之后，教师用投影仪打出"本课对简笔与繁笔的关系的辩证论述表现在哪些方面？有何意义？在书上找出例证和引证，为什么作者论证观点的过程中，先用例证法，后用引证法？文艺随笔，既要简洁，又须生动，你能以课文中的哪些例子所用修辞手法来证明文章的这一特色？"三个问题，让学生选择对自己有启发的、有感触的问题进行研究。一时间，有的注目书本，有的在书上圈点批注，有的凝神思考，有的查阅相关的学习资料……一会儿，学生争先恐后地站起来侃侃而谈。有的补充，有的针锋相对，各抒己见，滔滔不绝。如此充分地让学生各抒己见，对他人的观点、说法可赞成，亦可反对，还可以修正。这样，既让学生系统地学到了知识，又充分发挥了学生的主体参与作用，还让学生在研究中增加了信息量，在讨论中碰撞出新思维的火花。

不仅如此，教师还可以提出研究方向，让学生自己来解决学习中的实际问题，如"课文中哪些地方以简胜繁？哪些地方以繁胜简？前面所学呢？自己的作文呢？"一石激起千层浪，学生进入热烈的阅读讨论中，教师此时则仅可在"讨论进行的当儿，有错误给予纠正，有疏漏给予补充，有疑难给予阐明"（《叶圣陶语文教育文集》，教育科学出版社1980年版179页）。这样，学生有了充分的自主权去寻疑求真，使学生的思维品质和言语品质等都得到积极、主动的锻炼和提升，渐渐地步入"教师就要朝着促使学生'反三'这个目标精要地'讲'，务必启发学生的能动性，引导他们尽可能地去探索"（《叶圣陶语文教育文集》，教育科学出版社1980年版152页）之境。

再次，解决问题过程中，如方法的选择、材料的运用等都由学生自己来确定。不论是教师提出的问题，还是学生自己提出的问题，对于这些问题的研究解决，教师都不宜直接介入，仅仅只是在"愤""悱"之时给予一点适可而止的点拨而已。至于学生使用什么方法，是钻研读本，查阅工具书，还是翻阅参考资料……都不要去直接干涉，千万不要使学生的心态犹如林黛玉初进大观园那样"不敢多说一句话，不敢多走一步路"。教师应该让学生大胆地研究，即使提出一些诸如"微型小说为什么畅销？""为什么一句话新闻那么吸引读者，这是不是'简'的妙处？"等问题，教师也应该见"怪"不怪，因势利导，充分保护并进一步激发学生的好奇心和求知欲。心理学研究表明，一个好奇心强、求知欲旺盛的人，对于新奇事物总是主动地进行研究，提出种种怪问题并寻求问题的答案，发现事物的内在规律。好奇心、求知欲不仅是激发科学家、发明家不断进行钻研与创造活动的重要品质，而且也是学生主动探索、反复思考问题的强大内部动力，让学生在学习过程中发现问题、提出问题、解决问题、交流问题，使学生在交流中展示自己的研究所得，在交流中碰撞出创造思维的火花，在交流中体验收获的喜悦，在交流中看到自己的差距与浅薄，在交流中激发进一步阅读研究的兴趣。

最后，研究合作的对象由学生自由组合。在研究性学习的课堂教学中，不必也不应该让学生循规蹈矩，而应该率性自然，充分相信学生，充分发挥

第五章

校本建设

学生的自主性，让学生自由组合，避免教学时间和空间"集装箱"式的程式化，使师生都缺乏个性化的选择和自由。教师完全可以让学生前后左右，甚至自由组合座位进行研究，以便集思广益，取长补短，从而锻炼学生处理信息的能力、获取新知识的能力、自学的能力、语言表达的能力、分析解决问题的能力、研究性学习的能力、团结协作的能力以及社会交流的能力。

以上四点是紧密联系，相互渗透，密不可分的。旨在通过已有知识和经验并重的主体性研究活动来实现学生的发展，让学生更深刻地认识事物。研究性学习使学生更加具有主体性和创造性。在研究性学习中，学生的注意力非常集中并且持久，对于与研究性学习内容相关的背景知识有着更深刻的认识，使研究性学习内容相关的旧知识得以充分融会贯通，对于与研究性学习内容相关的资料能充分地灵活运用——从而容易产生极为正确的、合理的，甚至是全新的观点，得出意想不到的结论，实现"教是为了不教"。

苏霍姆斯基指出："在人的心理深处，都有一种根深蒂固的需要，这就是感到自己是一个发现者、研究者、探索者。"在研究性学习中，教师应该充分发挥语文课堂学习这一主阵地的重要作用，突出学生的主体性，强调学习的研究性。始终坚持以学生为本，帮助学生以现有的知识为起点，促进学生以问题为中心，组织学生以讨论为交流信息的方式，把学生置于一种开放的多元的学习环境中，给学生提供更多的获取知识的方式和渠道。以提高学生的思维水平、实践能力为根本目的，让学生在研究中学习，在研究中提升综合素质，让学生真正成为一个发现者、研究者、探索者。

附教案

简笔与繁笔

教学目标：

1. 分析文章的层次结构，理清思路，提炼中心；

2. 搞清简笔与繁笔的关系，学会辩证地看问题；

3. 恰当地使用语言；

4. 辩证地分析问题；

5. 认真对待生活，认真对待写作。

教学重难点：

1. 分清文章的层次结构，理清作者思路；

2. 培养辩证分析、总括的能力。

教具准备：投影仪。

教学时间：1课时。

教学过程：

导语：

繁简问题不是单纯的文字多寡的问题，历来都引起文章家的重视。众多文学大师的作品都可以让我们看到简有简的妙用，繁有繁的好处。只有真正做到繁简"各得其宜"才能"各尽其妙"。本文就是从这个角度展开论述，同时又紧紧围绕正确理解的简练，正确提倡简练的辩证观点逐层深入，直到对现今作文的病症作针对性的治疗。

本文的标题是并列式的短语结构，属于论题型，表明论证的范围是简笔与繁笔的辩证关系。这已是一个老话题，但又是一个难题。应繁却简，则内容贫乏枯燥无味，应简却繁则内容烦冗，累赘难堪，如何才能做到繁简各尽其妙呢？文中会有答案。

边读书边思考，讨论，归纳。

（1）文章的第一段一共10个句子，哪几句提出观点？哪几句是论证观点？

（2）论证的部分中又可以分为几个层次？分别论证的是什么问题？

（3）以第一段的层次结构分析为例子，划分文章的整体结构。

第一部分（1～5段），论述简笔与繁笔的辩证关系。

前人主张——

提出观点——

补充观点——

概括文学大师们的简笔、繁笔。

例证：简笔范例——

繁笔范例——

第二部分（6~7段）说明"重议"的原因。

现今创作上的问题——

提出主张——

读第三段

（4）分析第5段。

（5）本文对简笔和繁笔关系的辩证论述表现在哪些方面？有何意义？

（6）通读全文，揣摩思考：在书上找出例证和引证，为什么作者论证观点时，先用例证法，后用引证法呢？

（7）文艺随笔，既要简练，又须生动。你能以课文中的例子、所用修辞手法来说明文章的这个特色吗？

（8）赏析：

①"回头看这月色时，渐渐地坠下去了"，如何以简胜繁？

②"于是看小旦唱……还没有来"，如何以繁胜简？

（9）回文咀嚼、品评：

①《记念刘和珍君》一文多次出现"始终微笑着的和蔼的刘和珍"一句，是否重复啰唆？为什么？

②《记念刘和珍君》中"我没有亲见……于是死掉了"一段是繁笔还是简笔？是否恰当？为什么？

结语：真感情是好文章，咬文嚼字插翅膀。分清对象与环境，情思文采俱飞扬。

作业：33页第2题。

第九节　教书与育人

德育和智育是学校教育的两个中心环节，处理好二者的关系十分重要。正确处理德育和智育的关系即教书和育人、文与道的关系，教育教学中的一切问题才能够迎刃而解，我们的教学改革才能不断取得成功，经典文化才能得以传承。

《美国2000年教育目标法》把对学生进行个人良好品德的教育定为国家八大教育目标的重要内容；日本在《21世纪的教育目标》中指出："只有重视思想素质的培养，才能保证人的健康成长"；英国全国课程委员会主席大卫·柏斯卡认为，"学校不能与道德脱离，对学生进行道德教育是学校义不容辞的责任"；在我国，《中共中央关于进一步加强和改进学校德育工作的若干意见》《新时代爱国主义教育实施纲要》《中共中央国务院关于进一步加强和改进未成年人思想道德建设的若干意见》以及课程标准等一系列文件，都强调将培养有核心价值观的接班人作为学校教育的根本任务，实现"立德树人"的根本目标。

学校的教育教学把"教育"当成了德育的代名词，而教学成了"智育"的代名词。中国古代教育一开始就注重德育与智育的结合。《孟子》"得天下英才而教育之，三乐也"一句中首次出现"教育"二字。"教，上所施、下所效也；育，养子作善也"（《说文解字》），说明教育是以育人为善为目的的活动。子曰："好仁不好学，其蔽也愚。""道者，教之本也。"

（《新书·大政下》）。董仲舒也说："仁而不智，则爱而不别；智而不仁，则知而不为。"……中国古代教育家特别是儒家以及儒家学派都反对偏执一方，都重视德育与智育的相互结合、相互渗透。有的甚至把德育的好坏与国家的成败联系起来。子曰："道之以政，齐之以刑，民免而无耻；道之以德，齐之以礼，有耻且格。"孟子也认为，"善政不如善教之得民也"，善教就是对人们施行伦理道德教育。陶行知说："千教万教，教人求真；千学万学，学做真人。"

德育的主要目的是提高学生的道德修养，立德树人。而智育的目的是让学生获得知识和技能。道德修养与知识技能之间有着内在的联系。古人云"既读孔孟之书，必达周公之理"，就说明"书"与"理"之间存在着必然的联系。德育工作要让学生学会关心他人，懂得助人为乐；智育（教学）中教师提倡小组合作学习，建立学生间的互助关系，共同提高学习成绩。这就很明显地体现了德育与智育在目的上的相辅相成、相互促进。教师一方面在智育中激发学生的创新潜力，进行探究式教学，另一方面在学习的过程中又要用故事、理论使学生理解学习的艰辛，体味战胜困难的乐趣，让学生树立勇敢拼搏、不畏困难的良好品质。这正是德育与智育相互结合、相互促进。

子曰："与善人居，如入兰芷之室，久而不闻其香，则与之化矣；与恶人居，如入鲍鱼之肆，久而不闻其臭，亦与之化矣。"有些教师把教学和德育工作割裂开来。这反映在教学上就是只重视知识本身的传授而忽视了所授知识与其他知识的内在联系；只重视学生对知识本身的掌握，而忽视了学生在掌握知识的过程中正确的学习态度、学习习惯、学习方法的形成与培养。反映在德育工作中就是德育工作的形式化、纯理论化、书面化。一个优秀的教师会注意到，把德育工作与智育工作在内容和形式上加以融合，教学效果会明显改善。

教育活动的形式是多种多样的，如课外活动、日常生活、社会实践等，都可以达到一定的教育目的。而教学只是其中的一种重要形式，是学校教育活动的主要载体。它们是一对相互渗透，相互促进关系的事物。教育渗透的"主渠道"不仅仅是语文，其他学科也可根据各自的特点，同时完成渗透德育的任务。德育不能仅依靠一门课程来实施，所有课程都是德育的载体。新一轮课程改革在各学科的课程标准中都强调了实现道德、价值观的教育目标，要求尽可能全面、深入地挖掘、展示不同学科在德育方面的不同价值，并且通过体验探究，培养学生的积极情感、态度和价值观。"随风潜入夜，润物细无声。"（《春夜喜雨》）高中语文教学中的德育渗透正如"春雨"一般，滋润学生的心田。《学记》曰："亲其师，信其道；尊其师，奉其教；敬其师，效其行。"内心尊重教师的学生更能在学业上有所成就。同样的道理，与人为善的人才能得到更多人的帮助，生活得才更幸福。例如，教学毛泽东的《沁园春·长沙》时，教师可带学生去感受中国青年以天下为己任，肩负国家兴亡，主宰民族命运的壮志豪情；教学荀子的《劝学》时，让学生知道人的道德和学识可以靠后天的努力，学习须善于假借外物并坚持不懈。当学生明白了这些，在高中几年的学习生活中就没有理由懈怠了。教师要坚持让学生写"真情"随笔——写真事、说真话、抒真情，引导学生"求真"。同时，在批改随笔时，教师要注重与学生的情感交流——主要是表扬其"真善美"的做法和想法，注重正面的引导。此外，在随笔点评时，教师可以选择一些文风淳朴，但感情真挚的范文，强化认知。平时的随笔练习是德育渗透的绝佳途径。学生通过自己的努力和自己身上所具有的求真的力量来发现真理，寻找到了真理，自然会由衷地感到喜悦和振奋。这样就可以使知识与学生心灵相契合，从而转化为学生的精神素养，实现科学与人性的沟通，也就进入了思想道德建设的境界。教师在传授知识的同时，要注意鼓励学困生，善于在学生的心里播种希望的种子，使其体验到成功感、满足感和希望感。教师的期望具有很强的渗透力，扩散迅速，感染力强，具有人格觉醒之功效，使潜藏在学生心灵深处的创造潜能得到彰显和复苏。这种体验，人生中哪怕只有一次也会终身铭记，甚至可能成为终身进步的推动力。

教师是智慧的使者，是灵魂的工程师，要走出在德育与智育关系认识上存在的误区。文以载道，既教书又育人，学校才能和谐发展，也才能培养出和谐发展的人才。

第十节 课堂和谐

　　课堂是实施教学的主阵地，是实施素质教育的主渠道，也是教师展现亲和力的主渠道。课堂改革必然要求教学观的改革。新课标要求以学生为本，注重学生整体素质的全面提高。课堂和谐的价值在于激发学生的学习兴趣和潜能，将其引入智慧的大门。课堂教学过程应力求符合学生的认知规律，教师应转变角色，引导学生自主探究；课堂教学还要面向全体，重视非智力因素的培养，创设和谐的课堂氛围，提高教学艺术性。课堂教学和谐主要表现为激发学生的求知欲，特别是参与欲，保持、提高学生的学习兴趣，根据学生的表情、眼神等反馈及时调整课堂教学策略。

　　"教育需要理想，激情成就教师。"教师要在教学实践中深入思考和分析教学态度、教育情感以及课堂教学行为。教师的教育激情、教学态度、教育情感、教学行为也是课堂教学成效的重要组成部分，是实现课堂教学和谐统一的重要条件。

　　"爱心铸就教育"，爱心源于对教育真谛的追求。课堂是爱的"场"，是师生情感交融的天空。教师应该用心去感悟教育，用心去"经营"课堂，用心去感动学生，从而表现教师的亲和力，创设和谐的课堂教学氛围。

　　课堂和谐的重要之处在于教师的亲和力。教师的亲和力应该是教师自身综合能力和综合素质的集中外显，和谐应该是教师有亲和力的突出特征。一位有亲和力的和谐教师，一是要有扎实的专业知识、广博的边缘学科知识和各种社会常识；二是要培养与青少年学生同样的阅读价值观和审美取向，对学生崇拜的偶像、喜欢的歌曲书籍、从事的娱乐活动要潜心揣摩，真心实意地走入他们的生活。

王阳明说："今教童子，必使其趋向鼓舞，中心喜悦，则其进自不能已。譬之时雨春风，沾被卉木，莫不萌动发越，自然日长月化；若冰霜剥落，则生意萧索，日就枯槁矣。"教师应将自身的人生阅历、生活经验，甚至人格魅力适时地、合理地、生动地展现在学生面前，要关注学生的体验，将课堂内容与学生的现实生活紧密结合起来，使课堂教学成为整合各类课程资源，不断生成新课程的活动。

教师要尊重学生的个体差异，满足学生的不同要求，多关注学生参与学习的程度、合作交流的态度和自主探究的意识，倡导和建立自主、合作、探究的学习方式，形成平等、民主、和谐的师生关系。

孟子曰："教亦多术矣，予不屑之教诲也者，是亦教诲之而已矣。"他坚持设计有效、活动有效、时间有效、训练有效的"四有效"原则，提倡扎实、充实、朴实的简约型课堂。教师不要把学生限制在课本上，课程标准只是给教师提供了一个最低标准，而教师的最大任务就是教会学生推开窗户看世界。教材与课堂相比，课堂更加丰富；课堂和窗外的世界相比，窗外的世界更加精彩。

和谐的课堂氛围能促进学生智力的发展、知识的掌握和能力的提高，学生的思维处于积极的状态，学生就会情绪高涨，思维活跃。教师良好的教态，生动准确的点拨，给予学生的鼓励的目光、神情以及手势都会激发学生的学习热情，特别是和谐民主的合作学习、探究实践，会为学生创设一种和谐温馨的课堂气氛，使学生在学习知识的过程中，也沐浴着老师的爱和同学之间的友情，这对学生身心健康都是有益的。中学生的心理是求同心理，当老师能够和学生融为一体，能够换位思考，明白学生所想时，学生自然也愿意亲近老师，和谐的师生关系成就和谐的课堂环境。

决战在课堂。提高课堂教学效率关键在于课堂和谐。教师要用乐观的情绪对待学生，用赞赏的眼光看待学生，用自身的言行触动学生，用广博的知识吸引学生，用幽默机智的语言激发学生，创设"愤""诽"，启迪智慧，善待每一位学生，做到热爱学生、尊重学生、理解学生、信任学生和宽容学生，不仅让学生感受到爱，更要让学生享受到爱，让学生学会爱，才可能使他们在增长知识的同时，不断形成自己对世界的理解和判断，学会学习、学会生存、学会创造、学会健体、学会生活，成为具有自我生存能力和可持续发展能力的多层次、多规模、多样化的人才。

第十一节 新教师成长的短板及对策

近几年，为了满足人民群众对优质教育资源的需求，云阳县每年都会挑选大批大学毕业生到中学参加教育教学工作。重庆市云阳双江中学是重庆地区典型的城镇中学，近三年走上工作岗位的新老师多达43名，占学校教师数量相当大的比重。刚刚迈入中学门槛的新教师，自身知识能力的短板导致他们在课堂教学、人际交往、心理适应、专业发展等方面显现出诸多的不适应，甚至出现手足无措、力不从心的局面。如何根据新教师的成长规律，打造一支高素质的青年教师队伍，促进学校教育持续健康快速地发展，是学校亟待解决的问题。

一、新教师成长的短板

通过对学校近三年走上教育教学岗位的43名新教师的问卷调查、实地访问，并结合新教师的教学成绩等方面的综合分析，我们发现，新教师在自我定位、团队协作、教学基础知识、教学研究、语言表达五大方面存在成长的短板。

（一）自我评价定位

刚参加工作的新教师往往工作劲头足、精力充沛、好胜心强，然而自身经验、能力的不足，导致在教学效果上往往不尽如人意。这可能导致新教师走上两个极端：一是无所适从，开始盲目怀疑自己，妄自菲薄，甚至有自暴自弃的想法；二是急功近利，不遵循教学基本规律，采用简单粗暴的方式来对待学生。

（二）团队协作能力

我校作为典型的城镇学校，除少数教师来自本县外，多数是县外新教师，甚至不乏省外的新教师。这些新教师刚到一个陌生的地方，对学校环境不熟悉、人际关系也不是非常顺畅。这不仅导致他们对年级组、教研组、备课组等集体活动参与积极性不高，而且导致有的新教师在教学中和同科教师互动不多，和同班的任课教师之间协作性不够，甚至对学校管理文化、教育理念缺乏了解和认同感。

（三）专业基础知识

经过四年大学的学习，新教师虽然具备了一定的专业基础知识，但是学校学习的理论知识与教学实践存在较大的差异，知识的获取和传授也存在较大的差距。这让一些新教师在走上岗位后，表现出了专业基础知识的匮乏，其突出体现在以下三个方面：一是学科核心素养缺乏；二是授课和考试脱节；三是面对学困生，常常束手无策，力不从心。

（四）教学研究素养

教学研究是对自己教学技能的反思和提升，教学研究也能促进新教师专业成长。然而一些新教师往往没有评职称方面的压力，很少有新教师主动发表论文，更少参与市县级的论文大赛，新教师参与课题研究的积极性也普遍不高。从原因来看，新教师普遍觉得自己的科研水平不高，很难把自己平常的教学心得写成文字，最终升华为理论文章。

（五）语言表达能力

教师在教学过程中需要较高的语言表达能力，尤其在和学生交流的过程中。同样的话，一个语言表达能力强的教师往往更具亲和力和感染力，反之则不具有亲和力和感染力。新教师语言表达能力不足突出表现在以下两个方面：一是语言的准确性不高，容易把简单的问题复杂化，导致学生听不明白；二是语言生动性不强，上课语言干瘪，语气平淡，让部分学生昏昏欲睡。

二、促进新教师成长的学校对策

一只木桶能盛多少水，并不取决于最长的那块木板，而是取决于最短的那块木板。同理，决定新教师成长高度的应该取决于自我评价定位、团队协作能力、专业基础知识、教学研究素养、语言表达能力的短板。学校是专业成长的舞台，在新教师的专业成长中起着支撑和推动作用。学校根据自己的实际情况，可以采取以下策略，来促进新教师的快速成长：

（一）构建科学系统的评价体系

科学的评价体系能够让新教师在成长中找准合适的定位。首先，学校的新教师评价系统应该是科学的，适合新教师的成长规律。学校在构建评价体系时应该本着长远而成长的眼光，绝不能仅凭学科教学成绩。科学的评价系统应该包括教学态度、学情反馈、调查研究等方面。其次，学校的新教师评价系统应该是系统的、动态的。用一种成长的、循序渐进的方式评价新教师，对于不同教龄的新教师标准不能搞一刀切，应该区别对待，对有些成长慢的新教师甚至可以延展成长的周期。

（二）营造和谐竞争的氛围

和谐而竞争的氛围能让新教师敬业乐业、进取有为。首先，学校要营造有利于新教师成长的和谐氛围。学校可以借助教研组、年级组、备课组、青年教师联合会等团队的力量，积极开展各种交流座谈会、经验交流会、谈心等活动，给新教师营造和谐的成长氛围。其次，学校要营造一种有利于新教师成长的竞争氛围。和谐并不能一团和气，合理有效的竞争也能促进新教师的快速成长。竞争不仅能促进新教师爆发激情和能量，让他们把满腔热忱转化为工作的动力，而且能让新教师快速发现自己的优势和劣势，进而取长补短，迅速提高。最后，形成一种"在和谐中竞争，在竞争中和谐"的良好态势，促进新老教师的快速成长。

（三）搭建学习交流的有效平台

首先，学校应为新教师的成长搭建校级平台，开展理论学习和学术辅导。学校可以每月开展专题学习或主题活动，让教师学习专业领域的新理论、新动态；开展校本培训和专业培训；进行学术探讨和经验交流。学校层面的活动，应更注重理论的学习与经验的提升，使教师的专业成长更有深度，更具内涵。其次，学校要为新教师的成长搭建教研组、年级组、备课组平台，开展教学研究活动。学校可通过教研组和年级组开展课标学习和教材教法讨论活动；开展"人人都上合格课""同课异构""一课众人评"等课堂展示活动；开展学术沙龙，讨论教学中的困惑和疑难问题。学校通过这些举措，把教师的专业成长、日常教学工作与教学研究融为一体，把教师专业成长的落脚点放在更基层、更易落实、更易见效之处。

（四）开展丰富多彩的竞赛活动

学校可以通过开展教学技能大赛、学科知识竞赛、论文大赛、演讲比赛、教学设计大赛等形式多样的竞赛活动来促进新教师的快速成长。竞赛的压力不仅让新教师发现彼此的优点和缺点，达到相互促进、共同进步的目的，而且能发挥新教师的潜力，促进青年教师心智、情感跨越式的成长，比赛的成功感也能激发、提高他们的自我认同感和满足感，进而促使他们补齐短板，提高自己的业务水平。

教师的能力可以通过后天的培养和锻炼提升，新教师的成长离不开学校管理者的引领和扶持。学校要抓住新教师成长的关键阶段，对新教师进行有意识、有目的、有系统的引领和培养，补齐他们在团队协作、专业知识、科研素养、语言表达等方面存在的短板，早日让新教师成为学校教育工作的生力军和主力军。

附：

双江中学高中中年教师专业素质现状调查

一、基本情况

任教学校				年级		学科	
姓名		性别		教龄		职称	
职务		社会兼职				第一学历	
进修学习提高学历的形式					信息技术水平		

说明：

此表不赋分，仅供本课题研究者了解双江中学高中中年教师概况。

二、工作现状

高中中年教师工作现状调查表

总分100～104分

类别	A	B	C	D	E	F	G	总分
担任过班主任8分	5届以上	1～2届	短期代理	否				
	7～8分	5～6分	4分	0分				
胜任几门学科8+4分	1	2	3以上					
	7～8分	8+2分	8+4分					
学校工作气氛6分	很浓厚	比较浓厚	一般	比较差				
	6分	5分	4分	1～3分				
工作感觉14分	热爱	有兴趣	还何以	不喜欢				
	13～14分	11～12分	7～10分	4～6分				
职业态度14分	热爱，愿意终身从事	比较喜欢，愿意努力	有机会可以重新选择	厌倦				
	14分	11～13分	7～10分	5～6分				
专业发展目标16分	特级教师	市县教学能手	市县骨干教师	市县学科带头人	提升自我修养	提高教育教学质量		
	16分	15分或13分	15分或13分	16分或14分	13分	10～13分		
对写论文的理解12分	是提高教育教学水平的有效途径	对日常教育教学作用不大	形式主义，除了评职称就没用					
	12分	7分	6分					
教育科研状况12分	结合工作进行有效研究	为评职称参与研究	研究有困难	停滞或空白				
	10～12分	8～10分	6～7分	0分				

类别	A	B	C	D	E	F	G	总分
目前最迫切的任务10分	专业化发展	政治进步	待遇提高	职务晋升	保重身体以再战	保重身体以颐养		
	8~10分	8~10分	7分	7分	6~7分	2~4分		
突出的困惑（多选）−8分	付出与回报不成比例	工作成绩得不到表扬与肯定	学生难教，成绩不理想	自身业务素质和创新工作能力欠佳				
	−1~−2分	−1~−2分	−1~−2分	−1~−2分				
欠缺的能力（多选）−8分	人际交往能力	多媒体技术运用能力	信息吸收能力	教研能力	课堂表达能力	组织管理能力	其他能力	
	−1分	−1分	−1分	−1分	−2分	−1分	−1分	

注：①凡是没注明"多选"的类别所属细目，一律为单选；②细目内调查选项后为得分；③前九类总分为100~104分。

说明：

此表以累积分制为主，并与加分制、扣分制相结合。部分反映教师知识结构的"胜任几门学科"类别，实行加分制；"突出的困惑""欠缺的能力"类别，实行扣分制。

类别中，"担任过班主任""胜任几门学科""学校工作气氛""职业态度""专业发展目标""对写论文的理解""教育科研状况""目前最迫切的任务""目前最迫切的任务"的设置，旨在调查高中中年教师的教育情怀、教育观念、知识结构、科研意识与能力、生涯规划及自我发展的内驱力、组织管理能力；而"突出的困惑""欠缺的能力"的设置，旨在获知高中中年教师的专业短板。

至于"目前最迫切的任务"类别中，细目"专业化发展""政治进步""待遇提高""职务晋升""保重身体以再战""保重身体以颐养"为高中中年教师的精神性、功利性诉求，从一个侧面反映了高中中年教师的思想状况和观念走向。不过，我们不能一味否认其功利性诉求。例如，"待遇提高""职务晋升"虽反映出一些教师思想境界不高，但也是教师内驱力产生的重要根源；又如"保重身体以颐养"，固然反映出一些思想颓废，或反映出一直以来缺乏上进心的思想，但也反映出教师可能曾经进取、拼搏，因此也酌情加分。

至于"欠缺的能力"类别中，细目"人际交往能力""多媒体技术运用能力""信息吸收能力""教研能力""课堂表达能力""组织管理能力""其他能力"，构成了高中中年教师能力的综合性指标。其设置，旨在通过高中中年教师的自我对照、自我发现、自我评价，获知其综合性能力的缺陷。

得分90分以上为优，75～89分为良，60～74分为中，60分以下为劣。

三、阅读状况

高中中年教师阅读情况调查表

总分100分

类别	A	B	C	D	E	F	G	H	总分
主要阅读方式（选二）13分	书籍	杂志	网络	教材					
	7分	5分	5分	1分					
阅读动因（多选）13分	提高素养	为备课	为完成任务	爱好消遣					
	9分	4分	1分	1分					
每天自主阅读时间（小时）13分	1以上	0.5～1	极少						
	11～13分	7分	1分						
每年购书支出（元）13分	300以上	100～300	不足100	几乎不买					
	11～13分	8～10分	4～8分	0分					

类别	A	B	C	D	E	F	G	H	总分
个人藏书（册）13分	800以上	400~800	200~400	100~200	不足100				
	11~13分	0~8分	6~7分	4~5分	0~3分				
主要阅读内容（多选）35分	教学参考	小说散文	教育理论书籍	学科专业书籍	学科试题	文史哲	时政经济金融	休闲消遣	
	5分	4分	7分	5分	4分	7分	2分	1分	

注：①凡是没注明"多选"的类别所属细目，一律为单选；②细目内调查选项后为得分。

说明：

阅读情况是了解高中中年教师自我发展需求、专业素养、知识结构等诸多方面的重要窗口。

阅读方式、阅读动因、每日自主阅读时间、每年购书支出、个人藏书、主要阅读内容六个类别，通过数目、方式、广度这三个维度，力求反映高中中年教师阅读状况，并赋分予以量化。

需要指出的是，专业发展是教师发展的重要构成部分，但不能反映教师素养的全部，因此，本表在阅读自查时特别注重对高中中年教师个人的整体素养，尤其是跨界阅读方面的自查，如"主要阅读内容"中，"教学参考""学科专业书籍""学科试题"的权重不及"文史哲"；"教育理论书籍"不限于专业学科，其权重与"文史哲"相同。

得分90~100分为优，75~89分为良，60~74分为中，60分以下为劣。

四、新课改情况

高中中年教师新课改情况调查表

类别	A	B	C	D	E	F	G	总分
参加过新高考培训	省市级培训	县级培训	校级培训	没参加				
新高考专题培训中，最想听什么人讲	参与新高考政策制定的专家	实行新高考地区的高中学校校长	对高考政策有研究的教研人员	参加了新高考的一线高中教师				
自己面临的新高考改革的三个主要困难（多选）	对高考政策、学业质量标准的理解和把握	学科核心素养的理解与培养	推行高中生综合素质评价	指导学生生涯规划与选科	适应学生个性化发展的分层教学模式	走班制教学与学生管理	其他	
所在高中学校是否就新高考改革作出了完善的应对措施和科学的教学调整	是	否	不清楚					
所在高中学校目前采用的分层走班模式	全科全员选课走班	选修课程走班，必修课程行政班教学	语数英及部分选考科目行政班教学，部分选考科目走班	语数英行政班教学，选考科目走班	其他分层走班模式	目前尚未实施分层走班		
所在高中学校生涯规划课的开设	开设了	没开设	不了解					

类别	A	B	C	D	E	F	G	总分
如何理解生涯规划测评对学生的意义（多选）	可以帮助学生更好地了解自己	可以帮助学生确定未来发展的职业方向	可以辅助生涯规划课程教学					

注：①凡是没注明"多选"的类别所属细目，一律为单选；②细目内调查选项后为得分。

五、教学与科研情况

高中中年教师教学与科研情况调查表

类别	A	B	C	D	E	F	总分
参与公开课（研究课、示范课）	5次及以上	4次	3次	2次	1次	无	
备课方式用得最多的	集体备课	广泛参考并结合自己的设计	根据学生实际	基本按教材组织教学			
反思	总是	经常	有时	很少	从不		
论文发表数量	10篇以上	6~10篇	1~5篇	无			
论文发表刊物（多选）	国家级刊物	省市级刊物	县刊物	无			
获奖论文最高等次	全国级	省市级	县级	无			

类别	A	B	C	D	E	F	总分
负责或参与课题	全国级	省市级	县级	校级	不参加		
认为胜任教师工作的必要条件（多选）	参加专家讲座	自己开展教学科研，不断提高教学水平	强化自学意识，利用各种机会自我提高	与同事搞好关系，主动向同事学习			

注：①凡是没注明"多选"的类别所属细目，一律为单选；②细目内调查选项后为得分。

六、教学资源（可多选）

1. 您在教学活动中，经常下载教学资源吗？

A. 经常

B. 一般

C. 不经常

2. 您觉得教学资源对教学有哪些帮助？

A. 节约整理时间

B. 开阔教学视野

C. 创新教学方法

D. 提高教学质量

3. 对提供多种类型的教学资源，您使用频率较多的主要是哪些？

A. 名校试卷

B. 优质教案

C. 精品课件

D. 同步练习

E. 高考专题辅导

F. 教学素材

第五章

校本建设

G. 教学论文

H. 微课

I. 其他

4. 教学资源是否能满足新高考的要求?

A. 是

B. 否

C. 不清楚

5. 适应新高考需要,您希望建设哪类教学资源?

A. 国学课程资源

B. 综合实践活动课程资源

C. 生涯规划课程资源

D. 创客课程资源

E. 心理辅导课程资源

F. 跨学科创新课程资源

G. 现代信息技术课程资源

H. 其他

七、继续教育情况

1. 所学习的专业知识主要来自哪里?

A. 参加继续教育培训

B. 自学

C. 实际教学工作

2. 学过的教育理论对您的教学工作的作用是怎样的?

A. 很大

B 一般

C. 很小

3. 您参加继续教育最为迫切的需要是什么?

A. 提高专业知识水平

B. 更新知识,了解本学科发展的新成就、新信息

C. 提高教育理论水平

D. 提高实际教学能力

E. 扩展知识面

F. 晋升职称需求

4. 您与其他教师进行业务交流吗？

A. 总是

B. 经常

C. 有时

D. 很少

E. 从不

5. 您认为现在继续教育的主要问题是什么？

A. 个人工作生活负担过重、交通不便

B. 课程设置不合理

C. 所学内容不实用

D. 其他

八、简答题

1. 在您的专业成长过程中最困扰您的是什么？为什么？

2. 公开课、撰写论文以及课题研究对您的专业发展是否有帮助？是如何帮助您的？您有什么意见和建议吗？

3. 您现在是否有长远的专业进修和学习规划？您自己专业发展的目标方向是什么？您是如何规划的？

4. 对于建设符合新高考要求、优质的高中教学资源，针对您所教授的学科，还有哪些建议？

5. 您希望学校为您的专业发展做哪些方面的工作？

参 考 文 献

［1］N 恩特威斯特.教与学的风格［M］.于和军，译.北京：春秋出版社，1989.

［2］田慧生，李臣之，潘洪健.活动教育引论［M］.北京：教育科学出版社，2000.

［3］靳玉乐.探究教学论［M］.重庆：西南师范大学出版社，2001.

［4］钟启泉，黄志成.美国教育学流派［M］.西安：陕西人民教育出版，1993.

［5］胡春洞，王才仁.英语写作论［M］.南宁：广西教育出版社，1998.

［6］程晓堂，高洪德.理解与实践高中英语新课程［M］.北京：高等教育出版社，2006.

［7］广海云.高中物理实验教学中培养学生技术素养的研究［D］.呼和浩特：内蒙古师范大学，2014.

［8］赵艳花.通用技术课程虚拟实验的教学设计与应用研究［D］.济南：山东师范大学，2001.

［9］中华人民共和国教育部.普通高中课程方案（2017年版）［M］.北京：人民教育出版社，2018.